Förderschule

Monika Pieper

Ich kann was und ich mach was draus!

Materialien zur Berufsorientierung

Verlag an der Ruhr

Titel
Ich kann was und ich mach was draus!
Materialien zur Berufsorientierung

Autorin
Monika Pieper

Titelbildmotive
Michael Schulz

Illustrationen
Norbert Höveler u.a.

Fotos
© Monika Pieper – außer S. 86: Stechbeitel © zdshooter/Fotolia.com, S. 86: Hobel © frankoppermann/Fotolia.com, S. 86: Winkel © Meinolf Lipka/Fotolia.com, S. 86: Feinsäge © fefufoto/Fotolia.com, S. 92: Auto © George Dolgikh/Fotolia.com, S. 94: Auto © Borys Shevchuk/Fotolia.com, S. 96: TÜV-Plakette © uschi dreiucker/PIXELIO, S. 118: Brötchen © ExQuisinek/Fotolia.com, S. 121: Wäschezeichen © missan/Fotolia.com, S. 135: Fensterputzer © Dieter Schütz/PIXELIO, S. 141: Rose © Thomas Graf/Fotolia.com, S. 141: Lilie © fesoj/Fotolia.com, S. 141: Gerbera © quayside/Fotolia.com, S. 141: Nelke © SergeyIT/Fotolia.com, S. 141: Orchidee © Joujou/PIXELIO, S. 141: Tulpe © Kora Polster/PIXELIO, S. 141: Sonnenblume © Wilhelmine Wulff/PIXELIO, S. 141: Hyazinthe © Joujou/PIXELIO

Verlag an der Ruhr
Mülheim an der Ruhr
www.verlagruhr.de

Geeignet für die Klassen 7–10

Unser Beitrag zum Umweltschutz
Wir sind seit 2008 ein ÖKOPROFIT®-Betrieb und setzen uns damit aktiv für den Umweltschutz ein.
Das ÖKOPROFIT®-Projekt unterstützt Betriebe dabei, die Umwelt durch nachhaltiges Wirtschaften zu entlasten.
Unsere Produkte sind grundsätzlich auf chlorfrei gebleichtes und nach Umweltschutzstandards zertifiziertes Papier gedruckt.

ISBN 978-3-8346-0810-9

Printed in Germany

EINLEITUNG

Teil 1: KOMPETENZEN

Teil 2: BERUFSPROFILE

Teil 3: MASSNAHMEN NACH DER SCHULE

Verschiedene Sichtweisen

Betrachtet man die aktuelle Lage an der Förderschule „Lernen“ stellt man schnell fest:

- Die wenigsten Schüler beginnen direkt nach der Schule eine Ausbildung.
- Immer weniger Schüler der Förderschule „Lernen“ erlangen einen Hauptschulabschluss.
- Die meisten Schüler gehen nach der Schule in eine Maßnahme der Agentur für Arbeit (AA), machen ein Werkstattjahr oder gehen weiter zum Berufskolleg.
- Zunehmend mehr Schüler mit sonderpädagogischem Förderbedarf werden in der Hauptschule in integrativen Lerngruppen unterrichtet.
- In den integrativen Lerngruppen zeigt sich, dass sich die eben geschilderte Problematik für einen Teil der Hauptschüler ähnlich darstellt.
- Durch die zunehmende Umsetzung des Anspruchs auf Inklusion werden zukünftig immer mehr Schüler mit sonderpädagogischem Förderbedarf an der Regelschule gefördert werden.

Die Sicht der Wirtschaft

Im Gespräch mit Ausbildungsbetrieben erfährt man immer wieder, dass schulische Leistungen in den Fächern bei der Auswahl von Auszubildenden weniger relevant sind als **Schlüsselqualifikationen** und **persönliche Kompetenzen**. Die entscheidenden Defizite werden eher im Bereich Belastbarkeit und Sozialverhalten beschrieben als in mangelnder Rechen-, Lese- oder Schreibfähigkeit, obwohl diese natürlich auch genannt werden.
Fakt ist, dass der Geburtenrückgang in Zukunft zu **Facharbeitermangel** führen wird. Viele Betriebe sehen diese Entwicklung mit Sorge und erklären sich durchaus bereit, auch Förderschüler in ein Praktikum zu nehmen, in der Hoffnung, einen geeigneten Auszubildenden zu finden. Mancher Firmeninhaber würde gerne Förderschüler als Auszubildende nehmen, sieht aber **mangelnde Ausbildungsfähigkeit** als Hinderungsgrund.

Die Sicht der Schule

Berufsorientierung ist zu einem elementaren Bestandteil schulischer Bildung avanciert. Die sich ständig ändernden beruflichen Bedingungen, die wachsenden Anforderungen vieler Berufe und die eher ungünstigen Arbeitsmarktbedingungen führen dazu, dass Berufsorientierung einen immer größeren Raum in der Schule einnimmt. Dies ist besonders an Förderschulen der Fall, weil die Schüler häufig nicht mit der Unterstützung durch die Eltern rechnen können, da diese entweder überfordert oder wenig interessiert sind. Durch Berufserkundungen, Praktika und ähnlichen Veranstaltungen bemühen sich die Schulen, den Schülern **praktische Angebote zur Berufsorientierung** zu machen. Die Entscheidung der Schüler für ein Praktikum ist aber oft eher zufällig und von den persönlichen Möglichkeiten im Bekanntenkreis abhängig. Für eine fundierte Entscheidung benötigen die Schüler Informationsquellen über realistische Berufschancen und Möglichkeiten der Auseinandersetzung mit eigenen Interessen und Fähigkeiten, die ihrem Lernniveau angemessen sind. Die sowohl quantitativ als auch qualitativ für diese Schüler unüberschaubaren Angebote im Bereich der Printmedien und auch des Internets führen bei vielen Schülern eher zu Desorientierung und Demotivation als zu Informationsgewinn und fundierter Entscheidung.

Die Sicht der Schüler

„Ich bekomm eh keinen Job“, „Ich kann bei meinem Bekannten eine Ausbildung machen, der hat das schon fest zugesagt“ sind nur zwei von vielen, häufig wiederkehrenden Aussagen. Viele Schüler haben ein **unrealistisches Bild** ihrer eigenen Fähigkeiten und eine **undifferenzierte Selbstwahrnehmung**. Dabei sind Demotivation und kaum vorhandenes Selbstbewusstsein neben absoluter Selbstüberschätzung zu beobachten. So ist es nicht verwunderlich, wie unrealistisch die Berufswünsche häufig sind: Fußballspieler, Sängerin, Rennfahrer, Arzt und Polizist rangieren ganz oben auf der Wunschliste. Von tatsächlich erreichbaren Berufen haben die Schüler nur wenige Kenntnisse und Vorstellungen, und viele Bewertungen einzelner Berufe sind von Vorurteilen geprägt.

Ich kann was und ich mach was draus!

Berufsfindung ist also zunächst der Abgleich der individuellen Interessen und Kompetenzen eines Schülers mit den Anforderungen der verschiedenen realistischen Berufsfelder und Berufe. Eine Arbeitsmappe Berufsorientierung, die diese Überlegungen berücksichtigt, muss sich mit den **Persönlichkeitsprofilen** der Schüler und mit unterschiedlichen **Berufsprofilen** auseinandersetzen. Hier setzt dieses Arbeitsbuch an:

- Durch die Auseinandersetzung mit den Kompetenzen kommen die Schüler zu einem klareren Bild ihrer persönlichen Fähigkeiten und Fertigkeiten.
- Sie erfahren, welche Berufsfelder und Ausbildungsberufe für sie in Frage kommen, und können diese mit ihren eigenen Fähigkeiten und Interessen abgleichen.
- Sie werden über realistische Anschlussmaßnahmen nach der Schulzeit informiert.
- Sie werden durch positive Fallbeispiele motiviert, ihre Berufsorientierung aktiv zu gestalten und Perspektiven zu entwickeln.
- Sie trainieren, eigenes Handeln einzuschätzen und einzuordnen.
- Durch Internetrecherche und auf Selbstständigkeit angelegte Arbeitsformen werden sie in die Lage versetzt, sich zunehmend selbstständig zu informieren und Entscheidungen zu fällen.

Ich kann was ...

Dieser Teil des Buches beschäftigt sich mit den **Schlüsselqualifikationen** und den **persönlichen Kompetenzen** der Schüler. Die Schüler lernen relevante Kompetenzen und deren Bedeutung kennen. Sie werden sensibilisiert, sich mit ihren Stärken und Schwächen auseinanderzusetzen, um so ein realistischeres Bild ihrer Persönlichkeit zu erlangen. Durch die Auseinandersetzung mit den eigenen Interessen, Stärken und Schwächen werden sie zunehmend in die Lage versetzt, fundierte berufliche Entscheidungen, z.B. für ein Praktikum, eine berufsfördernde Maßnahme oder eine Ausbildung zu treffen. Daneben erfahren die Schüler, an welchen Kompetenzen sie noch arbeiten müssen, um erfolgreich in die berufliche Zukunft zu starten.

Die zu bearbeitenden Kompetenzen sind dabei niemals isolierte Fähigkeiten, sondern stehen immer im Zusammenhang mit anderen. So ist die Genauigkeit auch immer eine Frage der Konzentration, der Auge-Hand-Koordination und der Wahrnehmung. Die einzelnen Items können dementsprechend immer nur eine Hilfe der Entscheidungsfindung darstellen oder geben Hinweise auf noch zu trainierende Kompetenzen. Jede Überprüfung einzelner Kompetenzen ist gleichzeitig ein Training dieser. Das Buch kann daher sowohl zur Überprüfung des Ist-Zustandes als auch als Trainingsbuch für einzelne Fähigkeiten genutzt werden.
Einzelne Kompetenzen, wie z.B. Zuverlässigkeit, können zwar angesprochen, aber nur unzureichend über kurze Übungen trainiert oder abgefragt werden. Hier können von den Schülern Beispiele für ein solches Verhalten gesammelt und die eigene Kompetenz und die der Mitschüler kann bewertet werden.

... und ich mach was draus!

In diesem Teil setzen sich die Schüler mit den Anforderungen **verschiedener Berufe** auseinander. Dabei werden Berufsfelder abgedeckt, die auch in den berufsvorbereitenden Maßnahmen und im Werkstattjahr angeboten werden. Hier werden für die Schüler erreichbare Berufe vorgestellt und durch unterschiedliche Aufgaben nähergebracht. Diese Berufe werden auf ihr Anforderungsprofil hin überprüft und mit dem eigenen Profil abgeglichen. Die Schüler können auf diese Weise eigene Berufsvorstellungen entwickeln und werden bei der zielorientierten Auswahl, z.B. von Praktikumsplätzen, unterstützt.

Maßnahmen nach der Schule

An **Fallbeispielen** wird hier aufgezeigt, welche Möglichkeiten der **beruflichen Weiterbildung** neben einer Ausbildung nach der Schule bestehen. Anschlussmaßnahmen wie das Berufsbildungswerk, das Werkstattjahr, die berufsvorbereitende Bildungsmaßnahme und die überbetriebliche Ausbildung werden dargestellt. Diese können nur grundsätzlich skizziert werden, da sich die Angebote im Detail in den Städten und Bundesländern unterscheiden.

Hinweise zur Arbeit mit dem Buch

Die Arbeitsblätter sind so aufgebaut, dass sie sowohl im traditionellen Klassenunterricht als auch in integrativen Lerngruppen selbstständig bearbeitet werden können. Da in der Förderschule „Lernen" das kooperative Lernen einen immer größeren Stellenwert bekommt, ist das Material auf diese Unterrichtsform abgestimmt. Alle Arbeitsblätter sind daher nach dem Prinzip „ Denken – Austauschen – Vorstellen" aufgebaut. Sprachlich sind die Texte dem Niveau der Förderschule angepasst, auch wenn auf einige Fachbegriffe, wie z.B. „Kompetenz", nicht ganz verzichtet werden kann. Diese müssen im Vorfeld eingeführt bzw. an entsprechender Stelle erklärt werden.

Teil 1: Kompetenzen

Bei der Auseinandersetzung mit den eigenen Kompetenzen kann es nicht um das Herausstellen von Defiziten gehen, sondern um eine Sensibilisierung und eine realistische Selbstwahrnehmung. Daher wird an die einzelnen Kompetenzen auch kein objektiver Bewertungsmaßstab angelegt, sondern mit dem Partner und/oder der Gruppe diskutiert. Dabei muss auf positive Kritik besonders Wert gelegt werden. Bei Aufgaben, bei denen präsentiert und bewertet wird, muss klar sein, dass man etwas Positives oder einen Tipp formulieren kann, aber den Mitschüler nicht beleidigen darf. Es wird nicht nur geschaut, was der Schüler kann, sondern auch, bei welcher Aufgabe er sich wohl bzw. weniger wohl fühlt. Beides wird für jede Kompetenz individuell notiert (Smileys). Es bietet sich auch an, zunächst Stimmungsecken in der Klasse einzurichten, in die sich die Schüler nach eigenem Empfinden stellen sollen. Dort verbalisieren sie, warum eine Aufgabe Spaß bzw. keinen Spaß gemacht hat. Auf diese Weise wird den Schülern der Zusammenhang von Spaß (Interesse) und Kompetenz („Das kann ich!") deutlich: „Dinge, die ich gut kann, machen mir häufig Spaß und umgekehrt."

Teil 2: Berufsprofile

Dieser Buchteil beinhaltet auch Aufgaben, die sich mit Hilfe des Internets lösen lassen. Die Aufgaben beziehen sich immer auf *www.planet-beruf.de* Es ist daher sinnvoll, zunächst einmal gemeinsam mit den Schülern diese Internetseite zu erkunden. Bei den Aufgaben in diesem Buch ist der Zugang immer gleich: die Seite *www.planet-beruf.de* aufrufen, auf das **Icon „Schüler"** in der Leiste oben gehen, dann links auf **Berufe finden** klicken, hier den Unterpunkt **Berufe von A bis Z** auswählen und den entsprechenden **Beruf aussuchen**. Zu den einzelnen Berufen findet man dann verschiedene Informationen in Wort und Bild. Einen guten Überblick gibt immer der **BERUFENET-Steckbrief**. Die Berufe können in Einzel-, Partner- oder Gruppenarbeit bearbeitet werden. Da nicht alle Berufe von allen Schüler erarbeitet werden sollen, können sich Kleingruppen mit einzelnen Berufen auseinandersetzen und diese dann der Klasse vorstellen.

Eigene Erfahrungen

Als Lehrerin an einer Förderschule „Lernen" sehe ich mich täglich mit den oben beschriebenen Tatsachen konfrontiert. Der von vielen Kollegen beklagte Mangel an geeignetem Arbeitsmaterial für Förderschüler und schwache Hauptschüler hat mich dazu bewegt, mich dieser Thematik zu stellen und diese Materialien zu entwickeln. Für die Darstellung einzelner Berufe habe ich Kontakt zu vielen Betrieben und deren Mitarbeitern aufgenommen. Über das positive Entgegenkommen und ehrliche Interesse der meisten Betriebe war ich überrascht. Mehrfach wurde ich zu weiteren Gesprächen eingeladen, und es wurden Praktika für unsere Schüler angeboten. Diese Erfahrung motiviert mich, weiter auf Firmen zuzugehen und die Zusammenarbeit zu suchen. Daneben haben mir diese Gespräche noch einmal verdeutlicht, wie sehr es sich lohnt, mit den Schülern an ihren Kompetenzen zu arbeiten, diese zu trainieren und mit einzelnen Berufsbildern abzugleichen. Denn das ist die beste Möglichkeit, die Chancen der Schüler auf eine sinnvolle Anschlussmaßnahme und den erfolgreichen Übergang ins Berufsleben zu verbessern.
Über Erfahrungen mit den Materialien, Hinweise und konstruktive Kritik würde ich mich sehr freuen, da der Gedankenaustausch immer wieder zu neuen Überlegungen, Ideen und somit Chancen für unsere Schüler führt. Über *moni-pieper@web.de* können Sie gerne Kontakt mit mir aufnehmen.

Aktualität der Daten: Die Informationen zu den Berufen sind der offiziellen Webseite *www.planet-beruf.de* der Arbeitsagentur für Arbeit entnommen (Stand: Dezember 2010).

Hallo,
bevor du mit diesen Materialien arbeitest, möchte ich dir kurz erzählen, welche Erfahrungen ich während des Schreibens gemacht habe:

Ich bin Lehrerin an einer Förderschule „Lernen" und an unserer Schule für die Berufsorientierung zuständig. Ich unterrichte in der Oberstufe, Klasse 8–10.
Um über verschiedene Berufe mehr zu erfahren, habe ich viele Betriebe besucht und Chefs, Mitarbeiter, Auszubildende und Praktikanten kennen gelernt. Ich war überrascht, wie freundlich alle waren. Die meisten Jugendlichen waren sofort bereit, über sich zu erzählen und Fotos von sich machen zu lassen. Da war z.B. Souniya, die ein Praktikum beim Frisör gemacht und stolz gezeigt hat, was sie schon alles kann. Oder Nico, der eine Ausbildung zum Kraftfahrzeugservicemechaniker macht und darauf bestand, von den Fotos auch Abzüge zu bekommen. Diese und viele andere Jugendliche, die sich auf den Weg ins Berufsleben gemacht haben, wirst du hier kennen lernen.

Du wirst aber auch Herrn Elias kennen lernen, mit dem ich ein Gespräch geführt habe. Er ist Chef einer Gebäudereinigungsfirma, der sich sehr engagiert um seine Praktikanten und Auszubildenden kümmert und in der Innung für Ausbildung zuständig ist. Er erklärte mir, dass es bei Praktikanten und Auszubildenden am meisten auf die Schlüsselqualifikationen und das Sozialverhalten ankommt.

Die Gespräche mit den Jugendlichen und den Ausbildern haben gezeigt, wie wichtig es ist,

- sich selbst realistisch einzuschätzen,
- an seinen Fähigkeiten zu arbeiten und Kompetenzen zu trainieren,
- sich über verschiedene Berufe zu informieren,
- sich aktiv auf den Weg zu machen und Möglichkeiten zu recherchieren,
- ein Praktikum in dem „richtigen" Beruf zu machen,
- die Angebote nachschulischer Maßnahmen zu kennen und für sich selber bewerten zu können.

Bei all diesen Dingen helfen dir diese Materialien. Du solltest bei der Arbeit mit den Arbeitsblättern

- so gut wie möglich mitarbeiten,
- ehrlich zu dir selbst sein,
- bereit sein, Kritik anzunehmen,
- andere wohlwollend und nicht beleidigend kritisieren,
- bereit sein, mit einem Partner oder einer Gruppe zu arbeiten,
- dich bei Schwierigkeiten nicht entmutigen lassen.

Ich bin sicher, das wird dir gelingen!

Monika Pieper

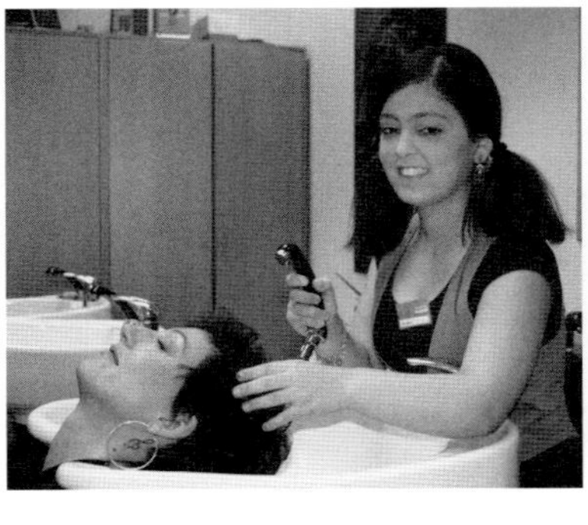

Zuverlässigkeit

In jedem Beruf ist es wichtig, dass du Verantwortung übernimmst und man sich auf dich verlassen kann.

Einzelarbeit

Was gehört für dich zur Zuverlässigkeit?

Pü

Partnerarbeit

Besprecht die gefundenen Dinge, und tragt sie in die Liste ein.
Bewertet für euch selbst, ob ihr z.B. pünktlich seid:

- Kreuzt die entsprechende Spalte an.
- Tauscht das Blatt dann mit einem Partner. Dieser kreuzt an, ob du dich seiner Meinung nach richtig oder falsch eingeschätzt hast.

Zuverlässigkeit	gelingt mir gut	könnte noch besser werden	muss ich noch dran arbeiten	Partner	
				richtig	falsch
Pünktlichkeit					

Alle

Diskutiert eure Ergebnisse. Überlegt auch, wo zu Hause eure Zuverlässigkeit gefragt ist und wie ihr dort eingeschätzt werdet.

HINWEIS

Auf der folgenden Seite findet ihr einen Wochenbericht, in dem ihr kontrollieren könnt, wie zuverlässig ihr seid und an welchen Dingen ihr noch arbeiten müsst. Dabei sollt ihr jeden Tag eine kleine Aufgabe erfüllen, mit der ihr eure Zuverlässigkeit beweisen könnt. Lasst euch von einem Lehrer oder Betreuer abzeichnen, dass ihr diese Aufgabe erledigt habt.

Zuverlässigkeit	**Mo**	**Di**	**Mi**	**Do**	**Fr**	**Einschätzung**	
						Kein Problem	**Muss ich noch verbessern**
Pünktlichkeit zu Schulbeginn	❑	❑	❑	❑	❑		
Pünktlichkeit nach den Pausen zu Unterrichtsbeginn	❑	❑	❑	❑	❑		
Arbeitsmaterial dabei	❑	❑	❑	❑	❑		
Hausaufgaben gemacht	❑	❑	❑	❑	❑		
Dienste, z.B. Tafeldienst, erledigt	❑	❑	❑	❑	❑		
Aufgaben wie verabredet erledigt	❑	❑	❑	❑	❑		
Besondere Aufgabe:	Sorge dafür, dass du morgen Schere und Klebstift dabei hast!	Bringe morgen einen Löffel und eine Gabel mit!	Notiere das ABC, und lass es von einem Erwachsenen unterschreiben!	Suche 3 Dinge aus der Natur, und bringe sie morgen mit!	Lass dieses Blatt bis Montag von 2 Erwachsenen unterschreiben!		

Spaßfaktor der Aufgaben:

☺ 😐 ☹

So schätze ich mich ein:

Ich bin ❑ sehr ❑ weniger ❑ überhaupt nicht zuverlässig.

Selbstständigkeit I

Selbstständigkeit meint, wie gut du in der Lage bist, dich selber zu organisieren, und ob du noch viel auf die Hilfe anderer angewiesen bist.

Einzelarbeit

Überlege, bei welchen Tätigkeiten du schon sehr selbstständig bist.
Markiere die Tätigkeiten, die du selbstständig erledigst.

morgens aufstehen ohne Aufforderung	Frühstück machen	im Internet informieren	Klamotten kaufen
Hefte und Stifte kaufen	Zimmer aufräumen	Zimmer saugen	Geschirr wegräumen
Termine einhalten ohne Erinnerung	Geschirr abwaschen	in fremder Umgebung mit Bus/ Straßenbahn fahren	
bei Fremden um Informationen bitten	Wäsche zur Waschmaschine bringen	Wäsche aufhängen und bügeln	
Lebensmittel einkaufen	Besorgungen (Post, Apotheke usw.) machen	Termine am Telefon machen (Frisör, Arzt …)	
ein Geschenk kaufen	das Bett neu beziehen	Sportzeug einpacken	Hausaufgaben erledigen

Schreibe die markierten Bausteine in dein Heft. Bilde Sätze.

Ich stehe morgens auf, ohne dass mich meine Mutter wecken muss.
Ich mache mir selbst mein Frühstück.

Selbstständigkeit II

Einzelarbeit

Lies die Anzeige der Jugendherberge Burghausen.
Welche Sportmöglichkeiten gibt es?

Du fährst fünf Tage mit deiner Klasse in die Jugendherberge und musst nun deine Tasche packen. Schreibe eine Packliste.

Partnerarbeit/Alle

Vergleicht und diskutiert eure Packlisten mit einem Partner und dann mit der ganzen Klasse.

HINWEIS

Informiere dich im Internet über Jugendherbergen in deiner Nähe. Suche dir eine aus, notiere die wichtigsten Informationen, und stelle sie der Gruppe vor.

Hast du beide Arbeitsblätter selbstständig bearbeiten können, oder hast du Hilfe benötigt?

Spaßfaktor der Aufgaben:

☺ 😐 ☹

So schätze ich mich ein:

Ich bin ☐ sehr ☐ weniger ☐ überhaupt nicht selbstständig.

Allgemeinbildung I

Allgemeinbildung ist in jedem Beruf wichtig. Egal, ob man sich mit Kunden oder Kollegen unterhält, niemand möchte gerne durch Unwissenheit auffallen.
Du solltest in jedem Bereich von 5 Fragen mindestens 3 beantworten können.
Bereiche, in denen du weniger als 3 Fragen richtig beantwortet hast, solltest du dir noch einmal genauer anschauen.

Einzelarbeit

Nur eine Antwort ist richtig. Kreuze die richtigen Antworten an.

Geografie

Welche Stadt liegt im Norden Deutschlands?
- ❑ Stuttgart
- ❑ Köln
- ❑ Kiel

Welches Land grenzt an Deutschland?
- ❑ Dänemark
- ❑ Schweden
- ❑ Norwegen

Zu welchem Land gehört die Insel Mallorca?
- ❑ Spanien
- ❑ Italien
- ❑ Portugal

Zu welchem Kontinent gehört Marokko?
- ❑ Europa
- ❑ Südamerika
- ❑ Afrika

Welcher Fluss ist der größte?
- ❑ Rhein
- ❑ Nil
- ❑ Donau

Geschichte

Wie hieß eine ägyptische Herrscherin?
- ❑ Wilhelmina
- ❑ Helena
- ❑ Kleopatra

Wer war ein bekannter französischer Feldherr und Kaiser?
- ❑ Napoleon
- ❑ Caesar
- ❑ Augustus

Welches Land hatte sich im Zweiten Weltkrieg mit Deutschland verbündet?
- ❑ Amerika
- ❑ Japan
- ❑ England

Welche Stadt war nach dem Zweiten Weltkrieg in Ost und West geteilt?
- ❑ Leipzig
- ❑ Dresden
- ❑ Berlin

Was feiern wir am 3. Oktober?
- ❑ Tag der Arbeit
- ❑ Tag der deutschen Einheit
- ❑ Allerheiligen

Politik

Wie viele Bundesländer gibt es in Deutschland?
- ❑ 16
- ❑ 18
- ❑ 20

Wer wählt den Bundespräsidenten?
- ❑ die Bundesversammlung
- ❑ der Bundestag
- ❑ das Volk

Welche Abkürzung steht nicht für eine Partei?
- ❑ FDP
- ❑ SPD
- ❑ CDI

Wie oft wird in Deutschland ein neuer Bundestag gewählt?
- ❑ alle 2 Jahre
- ❑ alle 3 Jahre
- ❑ alle 4 Jahre

Wo tagt das europäische Parlament?
- ❑ Paris
- ❑ Straßburg
- ❑ Berlin

Medizin

Was bedeutet der Ausdruck „Migräne“?
- ❑ Bauchschmerzen
- ❑ Kopfschmerzen
- ❑ Erkältung

Wie viele Nieren hat der Mensch normalerweise?
- ❑ 1
- ❑ 2
- ❑ 3

Was überprüft ein EKG?
- ❑ den Herzrhythmus
- ❑ die Knochendichte
- ❑ die Muskelkraft

Wie kann man sich mit dem HIV-Virus infizieren?
- ❑ Kuss
- ❑ Händeschütteln
- ❑ Körperflüssigkeiten

Was ist ein Antibiotikum?
- ❑ ein Virus
- ❑ ein Medikament
- ❑ eine Krankheit

Kunst

Wer malte „Mona Lisa“?
- ❑ Vincent van Gogh
- ❑ Michelangelo
- ❑ Leonardo Da Vinci

Wo befindet sich das Louvre Museum?
- ❑ London
- ❑ Paris
- ❑ New York

Wie nennt man ein Geschäft, in dem man Bilder von Künstlern kaufen kann?
- ❑ Galerie
- ❑ Museum
- ❑ Boutique

Welche Farbe ist keine Grundfarbe?
- ❑ gelb
- ❑ rot
- ❑ grün

Wie nennt man ein gemaltes Bild, das eine Person abbildet?
- ❑ Porträt
- ❑ Skulptur
- ❑ Skizze

Biologie

Durch welche Bahnen fließt das Blut zum Herzen hin?
- ❑ Venen
- ❑ Sehnen
- ❑ Arterien

Was ist ein Knochen?
- ❑ Gabel
- ❑ Lenker
- ❑ Speiche

Was können Katzen in der Nacht nicht besonders gut?
- ❑ sehen
- ❑ hören
- ❑ schlafen

Was ist kein Nadelbaum?
- ❑ Kiefer
- ❑ Erle
- ❑ Fichte

Welcher Stoff belastet die Umwelt besonders?
- ❑ Kohlendioxid
- ❑ Sauerstoff
- ❑ Wasserstoff

Computer

Was benötigst du, damit andere Internetnutzer nicht einfach auf deinen Computer zugreifen können?
- ❑ Firewall
- ❑ Nickname
- ❑ Server

Wie nennt man im Internet einen Hinweis zu einer anderen Seite?
- ❑ Tipp
- ❑ Link
- ❑ Button

Was solltest du im Internet nicht so einfach preisgeben?
- ❑ Nickname
- ❑ Hobbys
- ❑ Handynummer

Was gehört nicht zur Hardware eines Computers?
- ❑ Festplatte
- ❑ Bildschirm
- ❑ Computerspiel

Wo speicherst du einen geschriebenen Text?
- ❑ Mappe
- ❑ Ordner
- ❑ Heft

Medien und Gesellschaft

In welchem Fernsehprogramm kann man die Nachrichtensendung „heute" sehen?
- ❑ ARD
- ❑ ZDF
- ❑ RTL

Wer ist ein bekannter deutscher Fernsehmoderator?
- ❑ Karl Lagerfeld
- ❑ Erich Kästner
- ❑ Günther Jauch

Wie heißt ein bekannter Filmpreis?
- ❑ Oswald
- ❑ Oscar
- ❑ Carlos

Welche Abkürzung gibt an, ab welcher Altersstufe ein Film geeignet ist?
- ❑ FSK
- ❑ FKK
- ❑ KFZ

Wie heißt ein großes Fest, das jährlich in München stattfindet?
- ❑ Weinfest
- ❑ Oktoberfest
- ❑ Herbstfest

Sport

Welche Sportart gehört nicht zum Triathlon?
- ❑ Schwimmen
- ❑ Laufen
- ❑ Klettern

Wie viele Mannschaften spielen in der 1. Fußball-Bundesliga?
- ❑ 16
- ❑ 18
- ❑ 20

Wie heißt ein bekannter deutscher Rennfahrer der Formel 1?
- ❑ Klaus Schumacher
- ❑ Michael Schuster
- ❑ Michael Schumacher

Wie lang ist eine Marathon-Strecke?
- ❑ 12 km
- ❑ 42 km
- ❑ 24 km

In welchem Abstand finden die Olympischen Sommerspiele statt?
- ❑ alle 2 Jahre
- ❑ alle 3 Jahre
- ❑ alle 4 Jahre

TIPP

Wie kannst du deine Allgemeinbildung verbessern?

Lies mal eine Tageszeitung, oder schau die Nachrichten im Fernsehen. Auch im Internet gibt es viele Seiten, auf denen du dich informieren kannst: Auf *www.helles-koepfchen.de* sind z.B. viele Dinge einfach erklärt.

Allgemeinbildung II

Einzelarbeit

Hier findest du die Lösungen.
Vergleiche deinen Test mit dem Lösungsbogen,
und kreuze die richtig gelösten Aufgaben an:

- ▶ Wie viele Fragen hast du in den einzelnen Bereichen richtig beantwortet?
- ▶ An welchen Bereichen musst du noch arbeiten?

Thema	Frage 1	Frage 2	Frage 3	Frage 4	Frage 5	richtig	falsch
Geografie	c	a	a	c	b		
Geschichte	c	a	b	c	b		
Politik	a	a	c	c	b		
Medizin	b	b	a	c	b		
Kunst	c	b	a	c	a		
Biologie	a	c	c	b	a		
Computer	a	b	c	c	b		
Medien	b	c	b	a	b		
Sport	c	b	c	b	c		

Schreibe die Bereiche auf, in denen du dein Wissen noch verbessern musst:

____

____

____

____

Spaßfaktor der Aufgaben:

☺ 😐 ☹

So schätze ich mich ein:

Meine Allgemeinbildung ist

❑ sehr ❑ weniger

❑ überhaupt nicht gut.

Belastbarkeit/Leistungsbereitschaft

Du bist immer hoch motiviert und nimmst jede neue Herausforderung gerne an. Wenn Schwierigkeiten auftauchen, lässt du dich nicht ablenken, du arbeitest zügig und ordentlich. Das kannst du hier beweisen.

Einzelarbeit

Du brauchst eine Stoppuhr und ein Wörterbuch.
In den nächsten 30 Minuten sollst du mehrere Aufgaben erfüllen.

Aufgabe 1: Mache 20 Kniebeugen.

Aufgabe 2: Schlage folgende Wörter im Wörterbuch nach, und notiere ihre Bedeutung.

Begriff	Bedeutung
Logik	______________________________
	______________________________
	______________________________
qualifiziert	______________________________
	______________________________
	______________________________
Kooperation	______________________________
	______________________________
	______________________________
Stress	______________________________
	______________________________
	______________________________

Aufgabe 3: Mache 20 Kniebeugen.

Aufgabe 4: Schneide die Puzzleteile aus, und klebe sie richtig zusammengesetzt in dein Heft. Räume danach deinen Platz wieder auf.

Aufgabe 5: Mache 20 Kniebeugen.

Aufgabe 6: Schaue dich im Raum um, und notiere die Anzahl.

	Anzahl		Anzahl		Anzahl
Tische	__________	Menschen	__________	Steckdosen	__________
Stühle	__________	Füße	__________	Schränke	__________
Fenster	__________	Finger	__________	Taschen	__________

Aufgabe 7: Mache 20 Kniebeugen.

Aufgabe 8: Übertrage die Abbildung möglichst genau in das leere Kästchen.

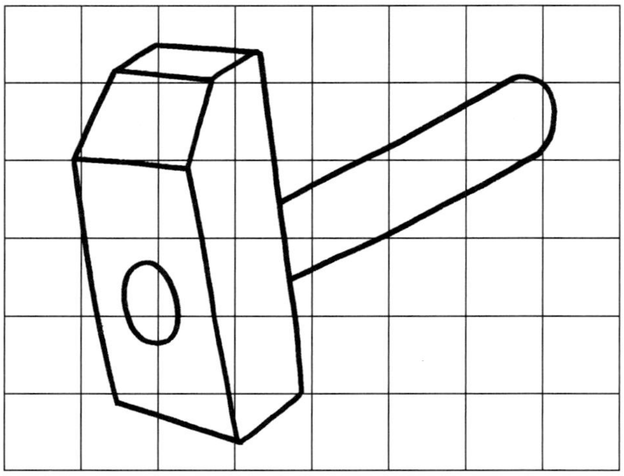

Aufgabe 9: Mache 20 Kniebeugen.

Einzelarbeit

Hast du alle Aufgaben erfolgreich gemeistert? Kreuze in der Tabelle an!

	ja	nein
Alle Aufgaben erfüllt.		
Zeit hat gereicht.		
Aufgaben richtig gelöst.		
Sauber gearbeitet.		

Partnerarbeit/Alle

Diskutiert und vergleicht eure Ergebnisse zuerst mit einem Partner und dann mit der ganzen Klasse.

Spaßfaktor der Aufgaben:

☺ 😐 ☹

So schätze ich mich ein:

Ich bin ❑ sehr ❑ weniger ❑ überhaupt nicht belastbar.

Konfliktfähigkeit I

Der Begriff Konfliktfähigkeit meint, dass man Meinungsverschiedenheiten nicht ausweicht, sondern versucht, diese auf sachliche Art zu lösen. Das heißt, ohne aggressiv oder in seinen Worten verletzend zu werden. Es ist wichtig, seine Meinung zu sagen, aber auch zu versuchen, andere zu verstehen.

Lisa macht ihr Praktikum in einem Malerbetrieb. Dort macht Nico gerade seine Ausbildung. Nico hat einen Eimer mit Farbe umgekippt und erwartet von Lisa, dass sie sauber macht. Es kommt zu einem Streit.

Einzelarbeit

Die Aussagen links zeigen Möglichkeiten, was Lisa zu Nico sagen könnte.
Markiere die Aussagen von Lisa, die helfen, den Streit friedlich zu lösen.

Nico	**Lisa**
▶ Du bist nur Praktikantin, ich bestimme hier.	▶ Putz deinen Dreck selber weg, du Blödmann. ▶ Nur weil ich Praktikantin bin, heißt das nicht, dass ich putzen muss.
▶ Putzen ist Frauensache.	▶ Ich verstehe nicht, warum ich das alleine weg machen soll. ▶ Ich finde Putzen genauso blöd wie du. ▶ Ich könnte mir vorstellen, dass der Chef sauer auf dich ist.
▶ Mich geht das nichts an.	▶ Habe ich dich richtig verstanden, dass ich deinen Dreck wegmachen soll? Erklär mir mal, warum. ▶ Halt die Klappe.
▶ Ich denk nicht dran.	▶ Mich geht das nichts an, ich sag alles dem Chef. ▶ Lass uns einfach zusammen anfangen. ▶ Sieh zu, wie du damit fertig wirst.
▶ Jetzt fang endlich an.	▶ Komm, gemeinsam sind wir schnell fertig. ▶ Wenn wir uns gegenseitig beschimpfen, bringt uns das bestimmt nicht weiter.

Partnerarbeit/Alle

Vergleicht eure Ergebnisse: Einigt euch darauf, was Lisa sagt.
Stellt euer Gespräch der Klasse vor: Jeder liest eine Rolle!

Konfliktfähigkeit II

Gruppenarbeit

Bildet 4er-Gruppen.
Im Folgenden werden 4 Situationen beschrieben.
Jeder übernimmt eine Situation und notiert kurz auf einem Zettel, wie er sich verhalten würde und was er sagen würde.

Jeder stellt seine Überlegungen den anderen vor und begründet sie.

Diskutiert die Situationen in der Gruppe.
Entscheidet, was ihr für die beste Reaktion haltet, und schreibt das jeweils in die Gedankenblasen am Rand.

Situation 1: Zwei Schüler aus deiner Klasse streiten sich ständig. In der Pause beschimpfen sich die beiden, und auch andere Schüler mischen sich jetzt in den Streit ein. Es droht eine Schlägerei.

Situation 2: Eine Mitschülerin beschuldigt dich, sie im Internet zu mobben, und regt sich furchtbar auf. Sie droht damit, dich im Internet fertigzumachen.

Situation 3: Im Praktikum geben dir die anderen Mitarbeiter für alles, was schief geht, die Schuld. Der Chef ist total sauer auf dich. Du hast schon keine Lust mehr, da hin zu gehen.

Situation 4: Du hast einem Kollegen im Praktikum eine DVD geliehen, die er einfach nicht zurückgibt. Bald ist dein Praktikum vorbei, und du siehst ihn dann nicht mehr wieder.

Alle

Diskutiert eure Ergebnisse in der Klasse.

Spaßfaktor der Aufgaben:

☺ 😐 ☹

So schätze ich mich ein:

Ich bin ☐ sehr ☐ weniger ☐ überhaupt nicht konfliktfähig.

Teamfähigkeit I

In fast jedem Beruf musst du mit Kollegen zusammenarbeiten können. Teamfähigkeit benötigt heute jeder in der Arbeitswelt. In der Schule übst du Teamfähigkeit durch Partner- und Gruppenarbeit.

Gruppenarbeit

Bildet 4er-Gruppen.

Jeder denkt sich drei Berufe aus und notiert sie in der Tabelle unter „Beruf".
Gebt euer Arbeitsblatt weiter. Jeder schreibt nun eine Tätigkeit des Berufes auf, die Teamfähigkeit erfordert.
Das Arbeitsblatt wird weitergegeben, bis es wieder beim eigentlichen Besitzer ist.

Stellt eure Ergebnisse vor.

Beruf	Tätigkeit	Tätigkeit	Tätigkeit

Gruppenarbeit

Baut gemeinsam ein Haus, in dem ihr gerne wohnen würdet.
Ihr braucht: 12 DIN-A4-Blätter, Schere, Klebstift, (Farb-)Stifte

Überlegt zunächst, wie das Haus aussehen soll:
- Wo sollen Fenster und Tür(en) eingebaut werden?
- Wie könnt ihr das Haus stabil bauen?
- Wie wollt ihr das Haus farbig gestalten?

Alle

Präsentiert das Haus der Klasse.
Erklärt, warum ihr dieses Haus gebaut habt und welche Vorzüge es hat.
Berichtet auch von der Arbeit in der Gruppe:
- Wie war die Zusammenarbeit in der Gruppe?
- Hat die Arbeit Spaß gemacht?
- Wer hat viele Ideen eingebracht?
- Wie zufrieden ist jeder mit dem Ergebnis?

Diskutiert in der Klasse eure Ergebnisse, und bewertet die Häuser.

Teamfähigkeit II

Gruppenarbeit

Jeder braucht ein leeres DIN-A5-Blatt.
Jetzt, wo euer Haus fertig ist, sollt ihr ein Werbeplakat für euer Traumhaus entwerfen, um Mieter zu finden.
Dabei soll jeder einen Teil des Plakates so gestalten, dass die einzelnen Teile zusammen ein Gesamtplakat ergeben.

So fügt ihr die einzelnen Blätter zu einem Plakat zusammen:

3er-Gruppe:

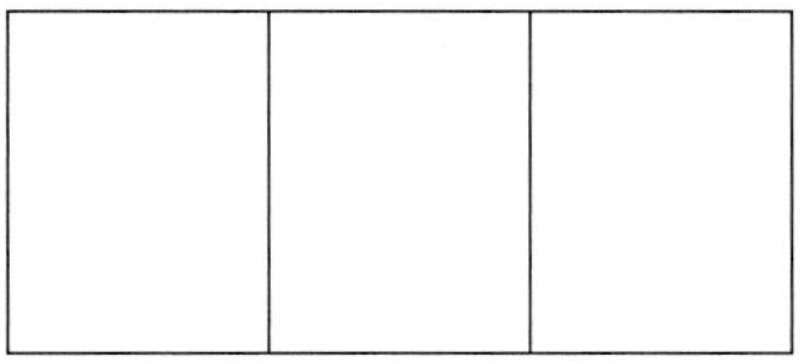

4er-Gruppe:

Überlegt zuerst gemeinsam, bevor jeder seinen Teil gestaltet:
- Wie soll das Plakat aussehen?
- Was ist das Besondere an eurem Haus?
- Was soll auf dem Plakat stehen?
- Wie wollt ihr das Plakat farbig gestalten?
- Wie könnt ihr die Übergänge zwischen den einzelnen Blättern möglichst unauffällig gestalten?

Klebt zum Schluss die fertigen Plakatteile zu einem Plakat zusammen.

Alle

Präsentiert euer Plakat den anderen Gruppen.
Diskutiert die Ergebnisse der einzelnen Gruppen in der Klasse.

Einzelarbeit

Bewerte selbst deine Arbeit im Team! Kreuze an.

		immer	manchmal	selten
1	Ich höre aufmerksam zu.			
2	Ich halte Blickkontakt.			
3	Ich stelle Fragen.			
4	Ich lasse andere ausreden.			
5	Ich bringe eigene Ideen mit ein.			
6	Ich begründe meine Meinung.			
7	Ich respektiere eine andere Meinung.			
8	Ich drücke mich verständlich aus.			
9	Ich gehe auf die Vorschläge und Gedanken der anderen ein.			
10	Bei Meinungsverschiedenheiten bleibe ich freundlich.			

Spaßfaktor der Aufgaben:

☺ 😐 ☹

So schätze ich mich ein:

Ich bin ☐ sehr ☐ weniger ☐ überhaupt nicht teamfähig.

Kommunikationsfähigkeit I

A

HINWEIS

Die Hälfte der Klasse benötigt Blatt A,
die andere Hälfte Blatt B.

Einzelarbeit

Was bedeutet eigentlich Kommunikation?

Lies aufmerksam den Text im Kasten unten.
Du darfst dir einen Spickzettel machen,
aber nicht in Form von Wörtern,
sondern nur mit Hilfe kleiner Zeichnungen oder Skizzen.

Beispiel

Das steht im Text:	Auf deinem Spickzettel steht:
Er liebte sie sehr.	

Das Wort „Kommunikation“ kommt aus dem Lateinischen und bedeutet „teilen“ oder „mitteilen“. Im Allgemeinen wird darunter der Austausch von Informationen verstanden, und dafür braucht man immer mindestens zwei Personen. Kommunikation ist alltäglich und verläuft scheinbar selbstverständlich. Ein großer Teil unserer Kommunikation läuft über das Sprechen ab, wir kommunizieren jedoch auch über unsere Gestik (Hände). Jeder weiß, was es bedeutet, wenn du mit dem Zeigefinger an die Stirn tippst oder eine Faust machst. Auch die Mimik (Gesichtsausdruck) spielt bei der Kommunikation eine Rolle. Durch Zuzwinkern oder Naserümpfen gibst du deinem Gegenüber eine Information.

Partnerarbeit

Sucht euch einen Partner.
Erklärt euch gegenseitig nur mit Hilfe der Spickzettel, was ihr gelesen habt.

Gruppenarbeit

Bildet eine Gruppe mit den Schülern der Gruppe A,
und schreibt in Stichpunkten auf, was ihr gehört habt.

Alle

Präsentiert eure Ergebnisse.

Kommunikationsfähigkeit I

B

HINWEIS

Die Hälfte der Klasse benötigt Blatt A,
die andere Hälfte Blatt B.

Einzelarbeit

Was bedeutet eigentlich Kommunikation?

Lies aufmerksam den Text im Kasten unten.
Du darfst dir einen Spickzettel machen,
aber nicht in Form von Wörtern,
sondern nur mit Hilfe kleiner Zeichnungen oder Skizzen.

Beispiel

Das steht im Text:	Auf deinem Spickzettel steht:
Er liebte sie sehr.	

Zur Kommunikationsfähigkeit gehört viel mehr als die Fähigkeit, zu sprechen. Ganz wichtig für eine erfolgreiche Kommunikation ist auch das Zuhören. Gute Zuhörer zeichnen sich dadurch aus, dass sie den anderen ausreden lassen. Außerdem bemüht man sich um Blickkontakt und stellt Fragen, wenn man nicht alles verstanden hat. Zu einer gelungenen Kommunikation gehört daneben der gegenseitige Respekt. Man beschimpft niemanden, sondern respektiert die Ideen der anderen und mach die Vorschläge der anderen nicht schlecht. Eigene Ideen und Vorstellungen sollten immer gut begründet sein.

Partnerarbeit

Sucht euch einen Partner.
Erklärt euch gegenseitig nur mit Hilfe der Spickzettel, was ihr gelesen habt.

Gruppenarbeit

Bildet eine Gruppe mit den Schülern der Gruppe A,
und schreibt in Stichpunkten auf, was ihr gehört habt.

Alle

Präsentiert eure Ergebnisse.

Kommunikationsfähigkeit II

Kommunikationsfähigkeit heißt auch, miteinander zu sprechen, sich gegenseitig zuzuhören sowie eigene Vorschläge zu machen und zu begründen.

Gruppenarbeit

Bildet 5er-Gruppen.
Jede Gruppe bekommt ein Arbeitsblatt mit Satzstreifen.

Schneidet die Satzstreifen aus, mischt sie und verteilt sie gleichmäßig untereinander. Lest die Sätze nacheinander vor. Überlegt, und besprecht, in welcher Reihenfolge die Satzstreifen eine sinnvolle Geschichte ergeben.

HINWEIS

Ihr dürft die Satzstreifen so oft lesen, wie ihr wollt, sie den anderen aber nicht zeigen oder tauschen.

TIPP

Wenn ihr die Geschichte in die richtige Reihenfolge gebracht habt, könnt ihr die Satzstreifen nummerieren.

Schreibt die Geschichte ins Heft. Jeder diktiert seinen Satz.

Überlegt gemeinsam in der Gruppe:
▶ Wie hat die Kommunikation in der Gruppe geklappt?
▶ Was könnte noch besser werden?

Sie hat nicht gefrühstückt und deshalb Hunger und Durst.

Vor dem Blumengeschäft warten schon die ersten Kunden.

Endlich Mittagspause! Özlem kauft sich eine Cola und isst ihr Brot.

Sie ist froh, dass der erste Tag vorbei ist.

Özlem zieht ihren Arbeitskittel an und bringt Eimer mit Blumen nach draußen.

Özlem springt aus dem Bett, um ihren Bus pünktlich zu erreichen.

Der Kranz wird zuerst mit grünen Zweigen gebunden.

Der Wecker klingelt, heute ist erster Praktikumstag.

Gegen Abend kann Özlem nicht mehr stehen, ihr tun die Füße weh.

Dann wird er mit weißen Rosen dekoriert.

Den ganzen Vormittag hilft sie beim Bedienen der Kunden.

Schließlich bekommt er noch eine silberne Schleife.

Am Nachmittag hilft Özlem, einen Kranz zu binden.

Zu Hause angekommen, kann sie endlich die Schuhe ausziehen.

Puh, gerade noch geschafft!

Kommunikationsfähigkeit III

> Kommunikationsfähigkeit heißt auch, miteinander zu sprechen, sich gegenseitig zuzuhören sowie eigene Vorschläge zu machen und zu begründen.

Gruppenarbeit

Bildet 3er- oder 4er-Gruppen.
Jede Gruppe bekommt ein Arbeitsblatt.

Schneidet die vier Bilder aus.
Jeder macht sich Stichpunkte zu einem Bild:
Was denken, fühlen und sagen die Menschen?

Erzählt nacheinander in der Gruppe, was auf eurem Bild zu sehen ist.
Denkt euch ein Ende für die Geschichte aus,
und schreibt eure Geschichte in Stichpunkten auf.

Erzählt die Geschichte in der Klasse. Jeder übernimmt sein Bild.
Erzählt, was die Menschen denken, fühlen und sagen.

Überlegt gemeinsam in der Gruppe:

- Wie hat die Kommunikation in der Gruppe geklappt?
- Was könnte noch besser werden?

Kommunikationsfähigkeit IV

Du hast in mehreren Übungen deine Kommunikationsfähigkeit erprobt und trainiert.

Schätze deine Fähigkeiten zunächst selbst ein.

		stimmt immer	stimmt häufig	stimmt manchmal
1	Ich höre aufmerksam zu.			
2	Ich halte Blickkontakt.			
3	Ich stelle Fragen.			
4	Ich lasse andere ausreden.			
5	Ich begründe meine Meinung.			
6	Ich respektiere eine andere Meinung.			
7	Ich drücke mich verständlich aus.			
8	Bei Meinungsverschiedenheiten bleibe ich freundlich.			

Gib das Blatt jetzt zwei Mitschülern, die bei den Übungen mit dir zusammengearbeitet haben. Lass deine Mitschüler nun gemeinsam deine Kommunikationsfähigkeit beurteilen.

		stimmt immer	stimmt häufig	stimmt manchmal
1	Er/Sie hört aufmerksam zu.			
2	Er/Sie hält Blickkontakt.			
3	Er/Sie stellt Fragen.			
4	Er/Sie lässt andere ausreden.			
5	Er/Sie begründet seine/ihre Meinung.			
6	Er/Sie respektiert eine andere Meinung.			
7	Er/Sie drückt sich verständlich aus.			
8	Bei Meinungsverschiedenheiten bleibt er/sie freundlich.			

Spaßfaktor der Aufgaben:

☺ 😐 ☹

So schätze ich mich ein:

Ich bin ☐ sehr ☐ weniger

☐ überhaupt nicht kommunikationsfähig.

Konzentration I

Einzelarbeit

Erkläre in 1–2 Sätzen, was du unter dem Wort Konzentration verstehst.
Folgende Begriffe können dir dabei helfen:
Aufmerksamkeit, bewusst, nicht ablenken lassen, auf eine Sache, gewissenhaft.

___

___

___

Partner- oder Gruppenarbeit

Vergleicht eure Sätze. Einigt euch auf eine Erklärung (Definition):

___

___

___

Präsentiert und diskutiert eure Ergebnisse in der Klasse.

TIPP

Informiert euch im Internet über verschiedenen Definitionen des Begriffs Konzentration.

Partner- oder Gruppenarbeit

Jeder überlegt zunächst für sich, bei welchen Tätigkeiten und in welchen Situationen ihr euch konzentrieren müsst.
Notiert diese Dinge auf einem Zettel.
Einigt euch dann mit einem Partner oder in der Gruppe auf die 6 wichtigsten Situationen, und schreibt sie auf die Post-its®.

Konzentration II

Einzelarbeit

Wie gut kannst du dich konzentrieren?

Für die Aufgabe benötigst du eine Stoppuhr!
Schreibe in die Pfeile, die nach rechts zeigen, ein R,
und in die Pfeile, die nach links zeigen, ein L.
Du hast 2 Minuten Zeit!

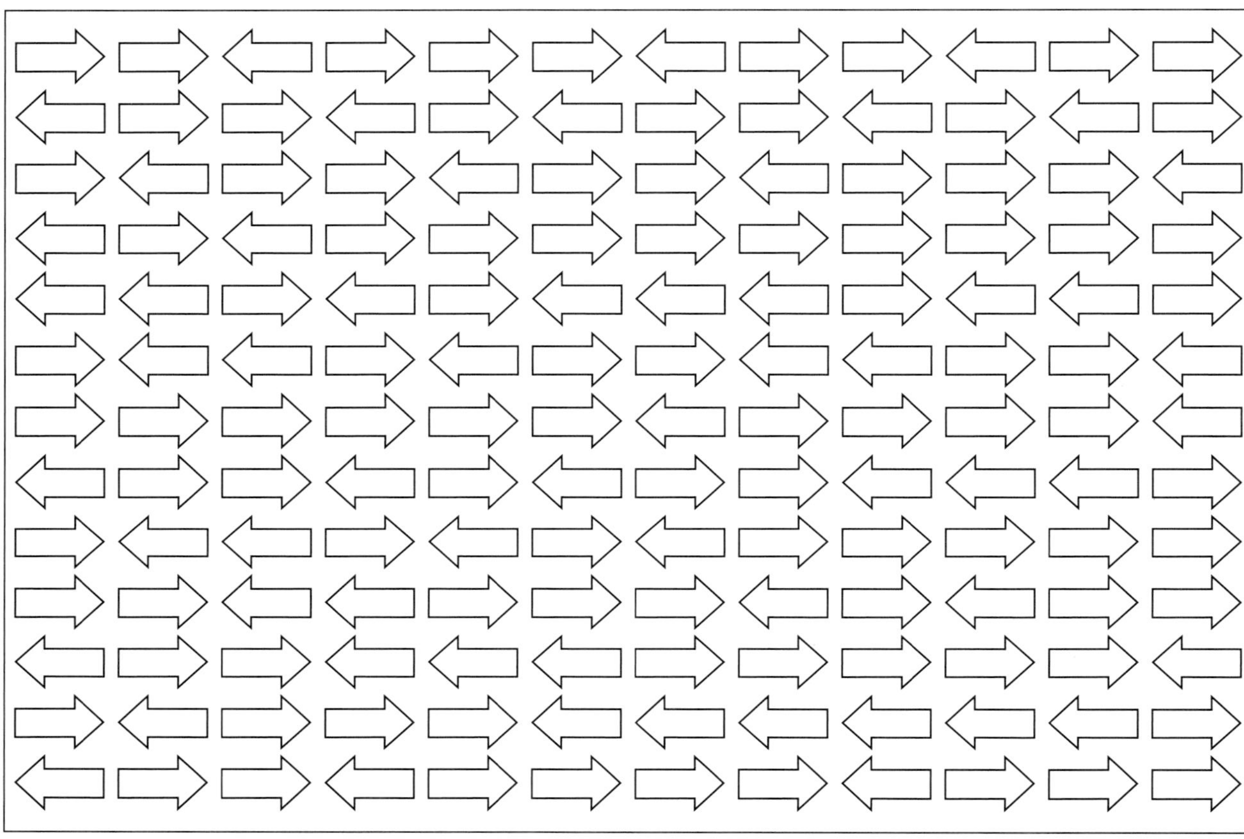

Partnerarbeit

Tauscht die Arbeitsblätter, und kontrolliert die Ergebnisse.
Einfacher geht das, wenn ihr die Pfeile zunächst farbig markiert,
z.B. die linken Pfeile blau und die rechten rot.

________________________ hat [   ] Pfeile richtig markiert.
(Name)

Vergleicht eure Ergebnisse!
Versucht durch mehrfache Wiederholung, eure Ergebnisse zu verbessern.

Konzentration III

HINWEIS

Für die folgende Aufgabe benötigt ihr eine Stoppuhr!

Gruppenarbeit

Wie gut kannst du dich konzentrieren?

Bildet 3er- oder 4er-Gruppen.
Wählt einen Gruppenspieler aus, und schickt ihn vor die Tür.

Auf der nächsten Seite findet ihr 2 Suchbilder,
die sich in 15 Details unterscheiden.
Der Gruppenspieler soll in 3 Minuten möglichst viele Unterschiede finden.
Er soll glauben, dass es ein Wettspiel ist:
„Sieger ist, wer die meisten Unterschiede markiert hat."
Während dieser Aufgabe sollt ihr euren Gruppenspieler „stören".
Er soll nicht merken, dass ihr das mit Absicht macht. Also Vorsicht:
Nicht übertreiben!

TIPP

Überlegt kurz, wie ihr „stören" wollt.
Was erschwert die Konzentration?

Während euer Gruppenspieler die Suchbildaufgabe bearbeitet
und ihr ihn „stört", beobachtet ihr seine Reaktionen.
Achtet auf folgende Dinge:
- **Mimik:** Wie ist sein Gesichtsausdruck?
- **Gestik:** Was macht er mit Armen und Händen?
- **Sprache:** Sagt er etwas? Wie sagt er es, z.B. wütend?

Holt jetzt euren Gruppenspieler wieder in den Raum.
Gebt ihm die Suchbildaufgabe, und startet das Spiel.
Ab jetzt läuft die Zeit: 3 Minuten!

Vergleicht eure Beobachtungen:
- Was hat die Konzentration besonders gestört?
- Wie hat der Gruppenspieler die Störungen empfunden?
- Wie hat er auf Störung reagiert?
- Schreibt die wichtigsten Erkenntnisse auf.

Einzelarbeit

Die beiden Bilder unterscheiden sich in 15 Details.
Finde so viele Unterschiede, wie möglich.
Du hast 3 Minuten Zeit!

HINWEIS

Kreuzworträtsel, Sudoku, Wortsuchrätsel usw. sind gute Übungen zur Verbesserung der Konzentrationsfähigkeit!

Spaßfaktor der Aufgaben:

☺ 😐 ☹

So schätze ich mich ein:

Ich kann mich ☐ sehr ☐ weniger ☐ überhaupt nicht gut konzentrieren.

Genauigkeit I (genau messen)

Bist du in der Lage, sorgfältig, gründlich und genau deine Arbeiten zu erledigen? Denn viele Berufe erfordern ganz genaues Arbeiten. Welche fallen dir ein?

Du machst ein Praktikum bei einem Fliesenleger.
Bei einem Kunden muss eine geflieste Wand ausgebessert werden.
Die Fliesen waren leider nur 2. Wahl und sind deshalb nicht alle genau gleich groß.

Einzelarbeit

Miss die Lücken auf der gefliesten Wand. Trage die Maße der fehlenden Fliesen in die Tabelle ein.

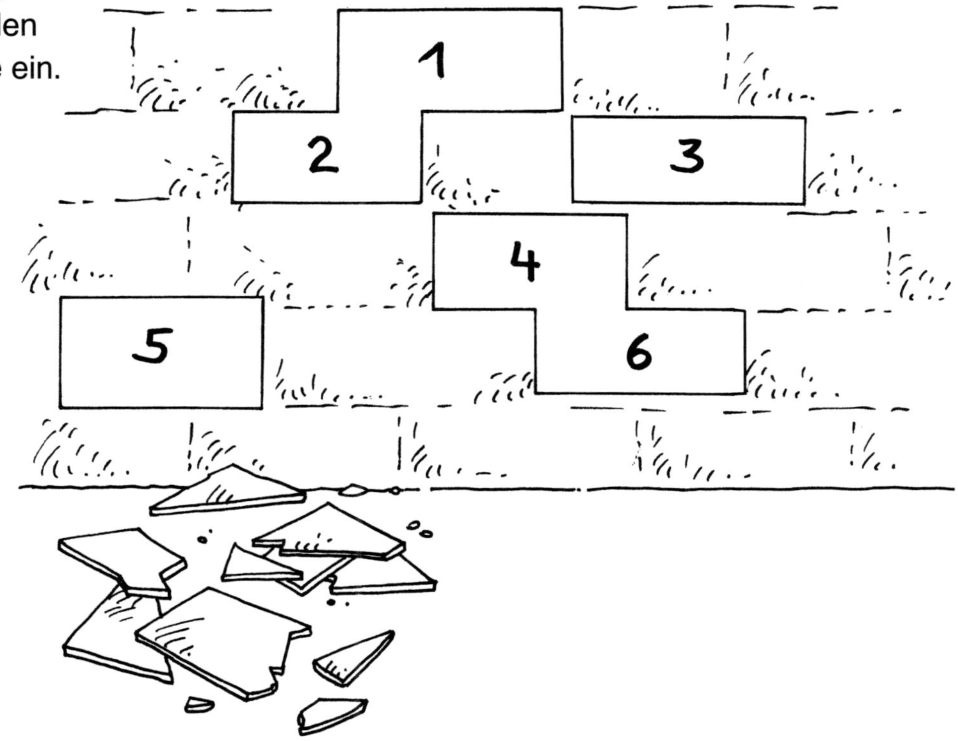

	Länge (cm)	Höhe (cm)	passende Fliese (A–F)
Fliese 1			
Fliese 2			
Fliese 3			
Fliese 4			
Fliese 5			
Fliese 6			

Einzelarbeit

Dein Chef gibt dir mehrere Fliesen.
Welche Fliese passt in die Lücken?
Miss die Fliesen aus, und trage es in die Tabelle ein.

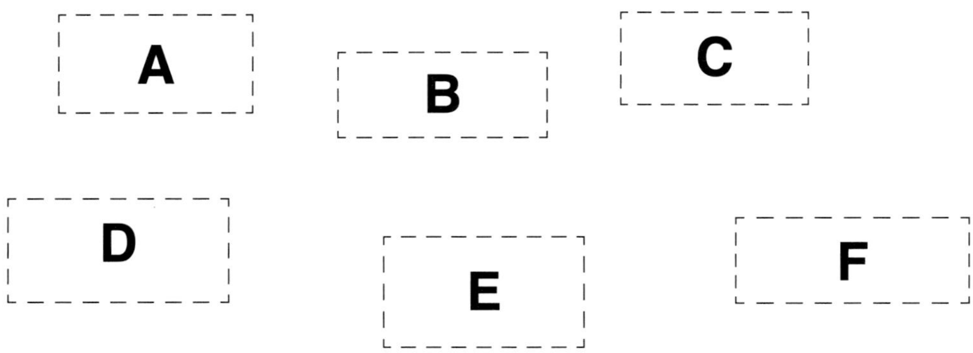

Partner- oder Gruppenarbeit

Vergleicht eure Ergebnisse.
Messt bei unterschiedlichen Ergebnissen noch einmal nach.

Einzelarbeit

Schneide die Fliesen aus, und klebe sie ganz genau in die Lücken der Wand.

Genauigkeit II (genau zeichnen)

Du bist bei einem Malerbetrieb beschäftigt und sollst für einen Kunden einen Vorschlag für die Wandgestaltung ausarbeiten.
Der Kunde wünscht auf seiner Wand immer kleiner werdende Quadrate.
Die Wand soll vierfarbig sein.

Einzelarbeit

Fertige eine Skizze für den Kunden an.
In dem Quadrat (Wand) sollen kleinere Quadrate liegen, deren Seitenlänge jeweils 2 cm kleiner sind.

TIPP An jeder Seite 1 cm!

Gestalte deine Skizze mit 4 Farben.

Alle

Stellt die Skizzen in der Klasse vor. Legt dazu eure Ergebnisse aus.
Schreibt zu 2 Arbeiten von Mitschülern, was euch gut gefällt.
Vielleicht fällt euch auch ein Tipp ein.

Genauigkeit III (genau schneiden)

Du machst seit ein paar Wochen eine Ausbildung bei einem Frisör.
Bei den Kunden darfst du noch keine Haare schneiden, weil du beim Schneiden noch kein so gutes Gespür für immer gleiche Haarlängen hast.
Außerdem kannst du noch nicht genau genug schneiden.
Deshalb sollst du zunächst noch ein paar Übungen machen.

Einzelarbeit

Schneide den Balken aus.
Schneide, ohne zu messen, immer 2 cm ab.
Das sind 2 cm: ——————

Schneide den Balken aus.
Schneide, ohne zu messen, immer 1 cm ab.
Das ist 1 cm: ———

Schneide genau zwischen den Linien.
Du darfst die Linien nicht berühren!

Partner- oder Gruppenarbeit

Vergleicht eure Ergebnisse, macht gegebenenfalls Verbesserungsvorschläge.

Genauigkeit IV
(genau messen, zeichnen und schneiden)

Du arbeitest bei einem Fahrzeuglackierer. Ein Kunde kommt mit einem Foto von seinem Firmenlogo. Das Logo soll auf das Fahrzeug lackiert werden, aber doppelt so groß!

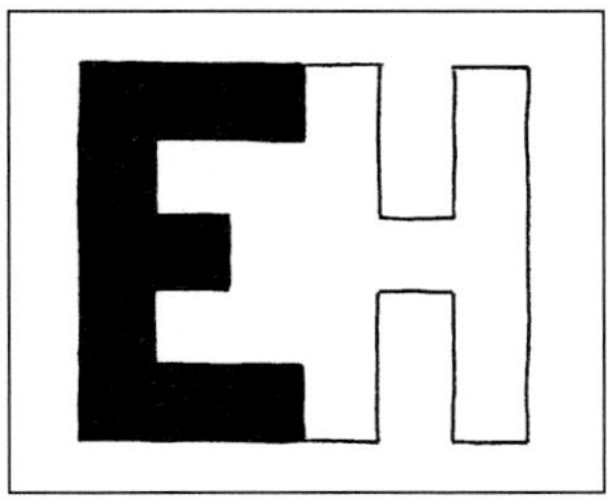

Einzelarbeit

Miss das Firmenlogo aus.
Nimm die gemessene Länge mal 2.
Zeichne das Firmenlogo in das Kästchen.
Schneide das Firmenlogo aus.

Gruppenarbeit

Legt die Firmenlogos in der Klasse aus:
Wurde genau gemessen, gezeichnet und geschnitten?
Bewerte nun im Vergleich zu den anderen deine Arbeit. Kreuze an.

Genauigkeit	sehr genau	einigermaßen genau	weniger genau
Messen kann ich …			
Zeichnen kann ich …			
Schneiden kann ich …			

Spaßfaktor der Aufgaben:

☺ 😐 ☹

So schätze ich mich ein:

Ich arbeite ❑ sehr ❑ weniger ❑ überhaupt nicht genau.

Kreativität I

Was bedeutet der Begriff Kreativität?

Gruppenarbeit

Jeder schreibt in 1–2 Sätzen, was ihm zum Thema Kreativität einfällt.

Lest euch eure Sätze vor, und schreibt eine gemeinsame Erklärung auf:

Alle

Stellt eure Erklärung in der Klasse zur Diskussion.

In vielen Berufen muss man eigene Ideen haben: Der Kunde möchte Vorschläge für eine Frisur haben, der Kollege wartet auf eine gute Idee, wie ein Problem gelöst werden kann.

Partner- oder Gruppenarbeit

Sucht euch einen Gegenstand im Raum, den ihr verpacken wollt.
Achtung: Bücher sind nicht erlaubt, das ist viel zu einfach!
Nehmt Zeitungspapier, Schere und Tesafilm, und verpackt den Gegenstand mit viel Fantasie.

Gestaltet aus irgendetwas einen Geschenkanhänger, und befestigt ihn an eurem „Geschenk".

Alle

Stellt euer „Geschenk" der Klasse vor. Vergleicht die Ergebnisse:

- Welches „Geschenk" ist kreativ verpackt?
- Welcher Geschenkanhänger ist fantasievoll gestaltet?

Kreativität II

Auch im Umgang mit Wörtern kann man Kreativität gut gebrauchen. Wenn du dich in einem Bewerbungsschreiben gut ausdrücken kannst, punktest du. Ein Kundengespräch bewältigst du locker, wenn du sprachlich fit bist.

Gruppenarbeit

Bildet 3er- oder 4er-Gruppen.
Jeder überlegt sich ein kurzes Wort.
Das Wort soll einen Gegenstand aus dem Raum bezeichnen.
Der Erste sagt sein Wort, z.B. „Tafel“.
Jeder schreibt nun einen Satz auf.
Alle Wörter des Satzes müssen mit den Buchstaben des Wortes „Tafel“ beginnen:

Timo arbeitet Freitag einmal länger.

Dann nennt der Nächste sein Wort,
und alle schreiben wieder einen Satz dazu auf.
Spielt mehrere Runden. Ihr könnt in jeder Runde einen neuen Bereich wählen, aus dem das Wort stammen soll: eine Farbe, ein Tier …

HINWEIS

Sch gilt als ein Buchstabe, z.B. „Tisch“: **T**ina **i**sst **Sch**aschlik.
Soll ein Wort im Satz mit „**ch**“, „**x**“, „**y**“ oder „**q**“ beginnen, dann überspringt diesen Buchstaben!

Lest zum Schluss eure Sätze vor.
Was meint ihr: War die Aufgabe schwer?

TIPP

Vergleicht doch mal untereinander:
Welche Gruppe hat die meisten unterschiedlichen Sätze gefunden?

Kreativität III

Ramasan bereitet sich in einer BvB (siehe S. 151) auf eine Ausbildung zum Verkäufer vor. Heute soll er mit einem Kollegen ein Schaufenster dekorieren. Die Schaufensterpuppe soll eine Sportbekleidung bekommen. Passend zur Sportart sollen auch die entsprechenden Sportgeräte präsentiert werden.

Einzelarbeit

Gestalte das Schaufenster.
„Kleide" die Schaufensterpuppe in einen Sportdress, und füge die passenden Gegenstände hinzu.

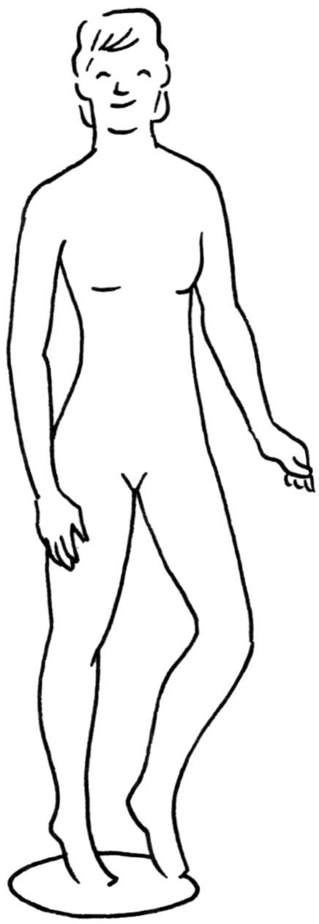

Partnerarbeit

Tauscht eure Blätter mit einem Partner.
Überlegt gemeinsam, wie ihr eure Schaufenster in der Rolle als Verkäufer vorstellen könntet.
Stellt dann das Schaufenster eures Partners der Klasse vor:

- Ist euch das Gestalten des Schaufensters leicht oder schwer gefallen?
- Hattet ihr gute Ideen für die Vorstellung des Schaufensters von eurem Partner?

Merkfähigkeit I

Kannst du dir Informationen gut einprägen und sie bei Bedarf wieder abrufen?

Svenja arbeitet als Praktikantin in einem kleinen Hotel.
Am Morgen deckt sie die Tische für das Frühstück.
Einige Dinge fehlen noch, die sie aus der Küche holen muss.

Partnerarbeit

Partner A dreht sein Blatt um.
B liest aus der Liste 1 insgesamt 7 Dinge mit einer beliebigen Anzahl vor und notiert dies auf seiner Liste.
Jetzt dreht A sein Blatt wieder um und trägt die gemerkten Dinge in die eigene Liste 1 ein.
Dann wird gewechselt, und Liste 2 wird bearbeitet.

Liste 1:		**Liste 2:**	
_____	Eierbecher	_____	Untertassen
_____	Gabeln	_____	Messer
_____	Löffel	_____	Kaffeelöffel
_____	Teetassen	_____	Kaffeetassen
_____	Servietten	_____	Butterpäckchen
_____	Wurstgabeln	_____	Eierlöffel
_____	Salzstreuer	_____	Pfefferstreuer
_____	Zuckerdosen	_____	Abfallschälchen
_____	gekochte Eier	_____	Mohnbrötchen
_____	Croissants	_____	Vollkornbrötchen
_____	Müslischalen	_____	Saftgläser
_____	Käsescheiben	_____	Wurstscheiben
_____	Äpfel	_____	Orangen
_____	Bananen	_____	Nektarinen
_____	Tomaten	_____	Gurken
_____	Teller	_____	Brettchen

Alle

Wie viele Dinge konntet ihr euch richtig merken?
Vergleicht eure Ergebnisse in der Klasse untereinander.

Partner- oder Gruppenarbeit

Denkt euch eine eigene Liste mit 10–12 Wörtern zum Thema Schultasche aus, und lest sie einem Partner oder der Gruppe vor.
Wie viele Dinge könnt ihr euch merken? Wer schafft die meisten Wörter?

Abschlussspiel mit der Klasse:
„Ich packe meinen Koffer und nehme …"

Am besten setzt ihr euch in einen Kreis. Einer beginnt und sagt einen Gegenstand, der in den Koffer gepackt wird. Jeder Mitspieler packt ein weiteres Teil in den Koffer. Die vorher genannten Dinge müssen dabei immer in der richtigen Reihenfolge wiederholt werden. Wer sich vertut, scheidet aus.

Merkfähigkeit II

Patrick wird von seinem Kollegen gefragt, welche Materialien noch auf der Baustelle sind und deshalb am nächsten Tag nicht neu mitgenommen werden müssen. Patrick überlegt, welche Dinge er auf der Baustelle gesehen hat.

Partnerarbeit

Ordnet die Begriffe den Gegenständen zu.
Vergleicht eure Ergebnisse mit einem Partner.

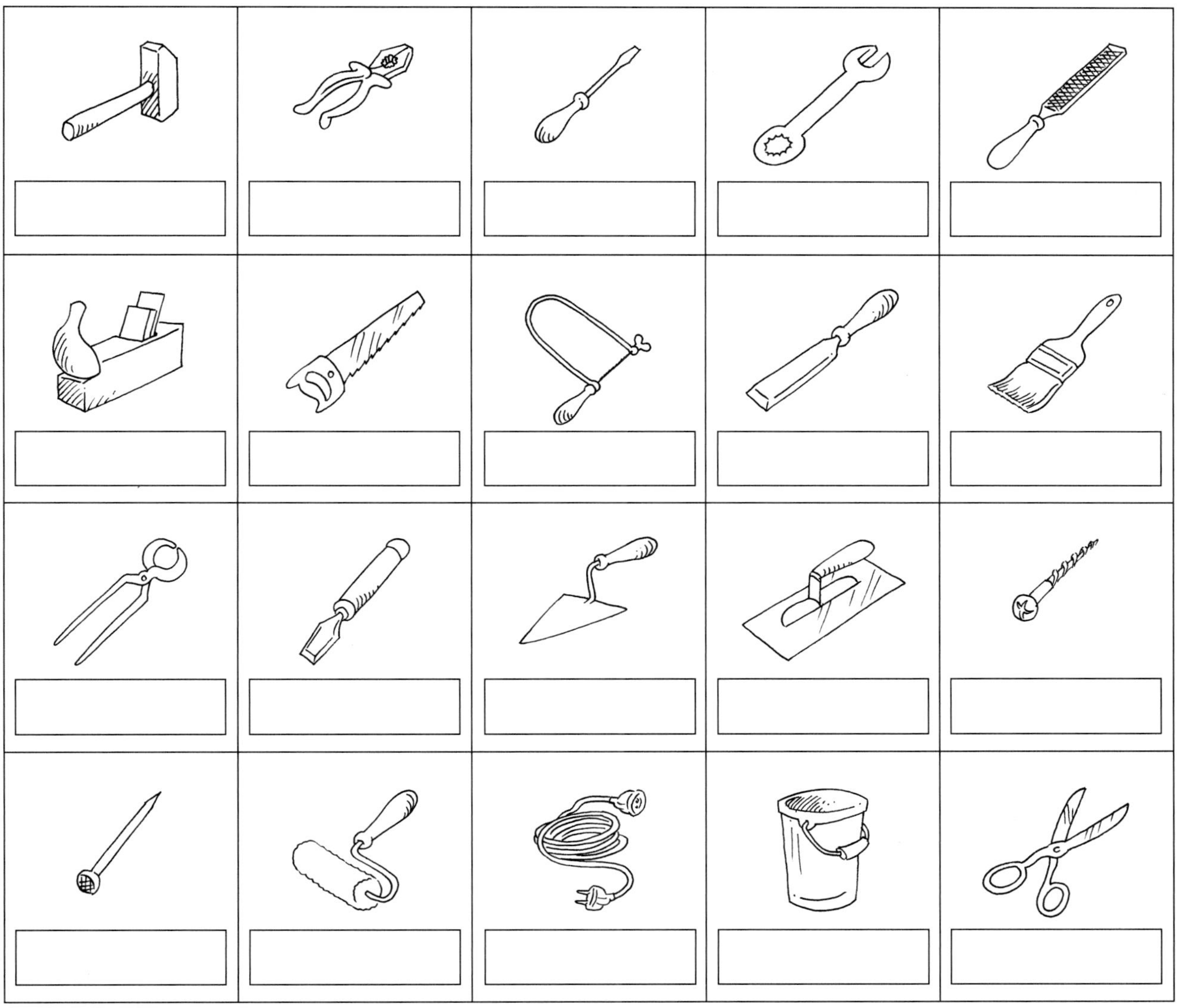

Hobel • Meißel • Nagel • Schraubendreher • Glätter • Hammer • Säge • Schraube • Malerrolle • Schere • Putzkelle • Ringschlüssel • Kabel • Laubsäge • Feile • Eimer • Kombizange • Pinsel • Kneifzange • Stechbeitel

© Verlag an der Ruhr | Autorin: Monika Pieper | ISBN 978-3-8346-0810-9 | www.verlagruhr.de

Einzelarbeit

Nimm das Blatt mit den Werkzeugen.
Schaue dir die Dinge 15 Sekunden lang an.
Lege dann das Blatt weg.
Wie viele Dinge hast du dir merken können?
Schreibe auf!

1	____________	11	____________
2	____________	12	____________
3	____________	13	____________
4	____________	14	____________
5	____________	15	____________
6	____________	16	____________
7	____________	17	____________
8	____________	18	____________
9	____________	19	____________
10	____________	20	____________

Partnerarbeit

Vergleiche dein Ergebnis mit deinem Partner.

Gruppenarbeit

Bildet 3er- oder 4er-Gruppen.

Legt ca. 20 Dinge auf einen Tisch.
Deckt alles mit einem Tuch oder einer Jacke ab.
Wechselt die Tische: Schaut euch die Gegenstände einer anderen Gruppe 2 Minuten lang an.
Deckt den Tisch wieder zu, geht zu eurem Tisch zurück, und notiert, woran ihr euch erinnern könnt.

Tauscht euch in der Gruppe aus:

- Ist euch die Aufgabe leicht oder schwer gefallen?
- Gibt es Tricks, die euch dabei helfen, euch etwas zu merken?

Merkfähigkeit III

Fariba arbeitet in der Küche eines großen Krankenhauses.
Dort ist es oft hektisch, und viele Dinge müssen schnell erledigt werden.
„Schäl schon mal die Möhren, falte die Geschirrtücher, stell die Spülmaschine an …"
Manchmal kann sie sich die Aufträge gar nicht alle merken.

Einzelarbeit

Lies dir folgende Aufträge gut durch, und präge sie dir ein.
Lege das Blatt weg, und arbeite die Aufträge der Reihe nach ab.
Kreuze dann an, welche Aufgaben du gemacht hast.

- ☐ Nimm ein Blatt Papier, und schreibe deinen Namen und deine Adresse auf!
- ☐ Notiere den Namen einer bekannten Persönlichkeit!
- ☐ Schreibe 5 Rechenaufgaben und deren Lösung auf!
- ☐ Notiere dein Lieblingssong!
- ☐ Notiere die Vornamen von 3 anwesenden Mitschülern!
- ☐ Notiere den Wochentag und das Datum von Übermorgen!
- ☐ Zeichne ein Auto!
- ☐ Schreibe 3-mal deine Unterschrift!
- ☐ Notiere dein Lieblingsfach!

Gruppenarbeit

Vergleicht eure Ergebnisse in der Klasse untereinander.
- ▶ Wie viele Aufgaben habt ihr euch gemerkt und ausgeführt?
- ▶ Könnt ihr euch gegenseitig Tipps geben, wie man sich etwas gut merken kann?

Spaßfaktor der Aufgaben:

☺ 😐 ☹

So schätze ich mich ein:

Ich kann mir Dinge ☐ sehr ☐ weniger ☐ überhaupt nicht gut merken.

Handwerkliches Geschick I

Für viele handwerkliche Berufe ist genaues Arbeiten sehr wichtig. Das reicht aber nicht aus! Man braucht auch handwerkliches Geschick. Das heißt, deine Hände müssen geschickt mit einem Werkstück und dem Werkzeug umgehen können.
Ob du handwerklich geschickt bist, kannst du jetzt testen.

Einzelarbeit

Du benötigst Wolle und einen Klebestift.
Klebe das Bild mit Wolle aus.

HINWEIS

Eine vergrößerte Vorlage des Bildes findest du auf Seite 49!

Alle

Hängt die Wollbilder in der Klasse aus.

Betrachtet eure Werke, und überlegt, wessen Haus besonders gut gelungen ist. Wo hätte man geschickter arbeiten können?

Handwerkliches Geschick II

Einzelarbeit

Der Würfel besteht aus 6 gleich großen Quadraten.
Schneide zuerst die Würfelvorlage aus.
Gestalte und beschrifte nun die Flächen.
Knicke dann den Würfel an den einzelnen Linien.
Klebe zum Schluss die Laschen, wie in der Abbildung gezeigt, innen an die zugehörigen Kanten.

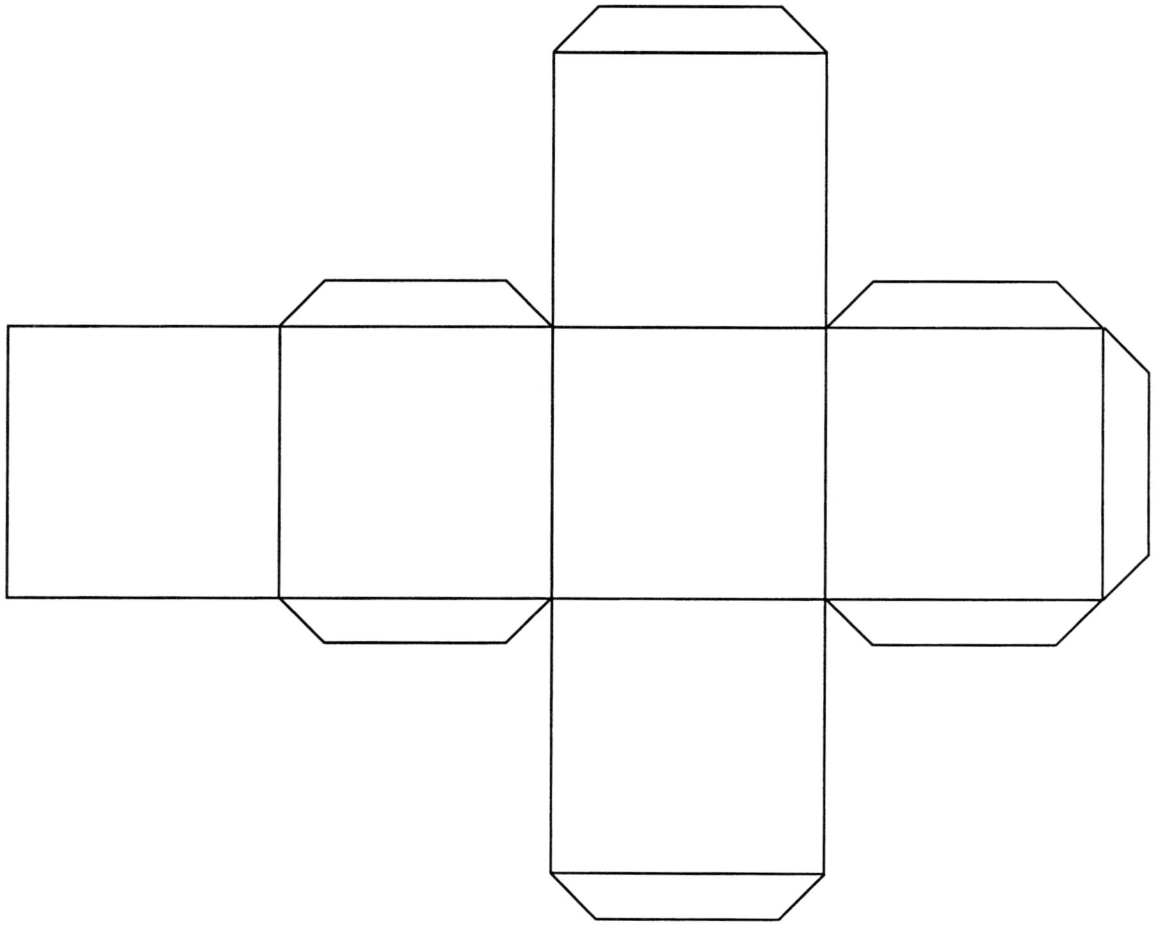

Alle

Vergleicht eure Ergebnisse: Welcher Würfel ist besonders gut gelungen?

Handwerkliches Geschick III

Tamara macht ein Praktikum in einem Restaurant.
Für ein Halloweenfest soll Tamara Tischlaternen basteln.

Einzelarbeit

Schneide die Tischlaterne auf Seite 52 aus,
und benutze sie als Schablone.
Lege sie auf farbiges Tonpapier,
und zeichne die Umrisse nach.
Schneide jetzt die Tischlaterne
und die Kürbisgesichter aus.
Klebe von innen Transparentpapier
hinter die ausgeschnittenen Kürbisgesichter.
Klebe zum Schluss das Haus zusammen.

HINWEIS

Das Dach nicht zusammenkleben, sonst fängt es an, zu brennen, wenn ihr ein Teelicht hineinstellt!

Alle

Vergleicht eure Ergebnisse: Wem fällt schneiden, falten und kleben leicht?

Räumliches Vorstellungsvermögen I

Wenn du dich gedanklich im Raum zurechtfindest und du dir Räume oder Körper innerlich vor Augen führen kannst, dann hast du ein gutes räumliches Vorstellungsvermögen.

Jessica absolviert ein Werkstattjahr, um danach eine Ausbildung zur Ausbaufacharbeiterin zu beginnen. Sie benötigt ein gutes räumliches Vorstellungsvermögen, da sie später mit Hilfe einer Zeichnung Wände in einem Raum aufstellen muss.

Einzelarbeit

Das Puzzle auf der nächsten Seite ist noch nicht fertig.
Wo gehören die fehlenden Teile hin?
Trage die Puzzleteile in die Tabelle ein.

Partnerarbeit

Vergleicht eure Ergebnisse mit einem Partner.

Schneidet die Puzzleteile aus, und klebt sie in die Lücken.
Beim Schneiden und Kleben trainiert man auch folgende Kompetenzen:

____________________ und ____________________.

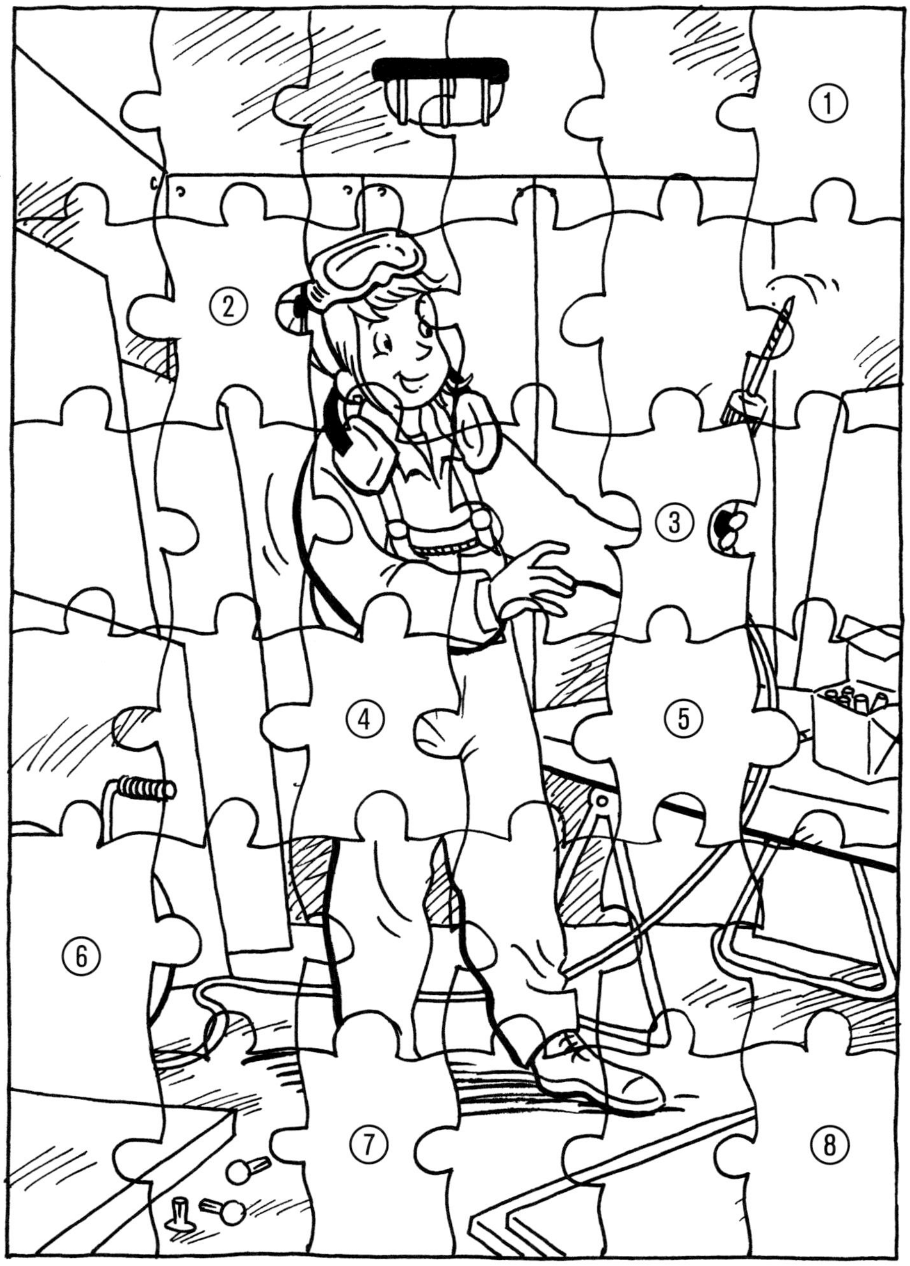

A

B

C

D

E

F

G

H

	Puzzleteil (A–H)	richtig	falsch
Lücke 1			
Lücke 2			
Lücke 3			
Lücke 4			
Lücke 5			
Lücke 6			
Lücke 7			
Lücke 8			

Räumliches Vorstellungsvermögen II

Auch Ingo muss sein räumliches Vorstellungsvermögen noch weiter trainieren, da er eine Ausbildung zum Holzbearbeiter machen will.
Er muss auf einer Zeichnung erkennen, wie ein Werkstück später aussehen soll.

Einzelarbeit

Welche Figur kannst du aus den folgenden Teilen zusammenlegen?
Kreuze die richtige Antwort an.

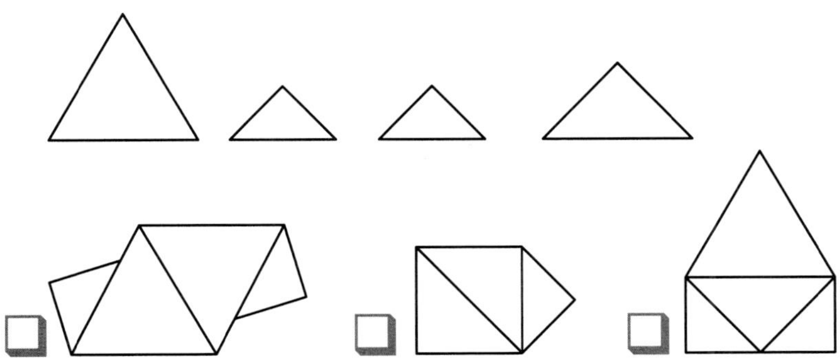

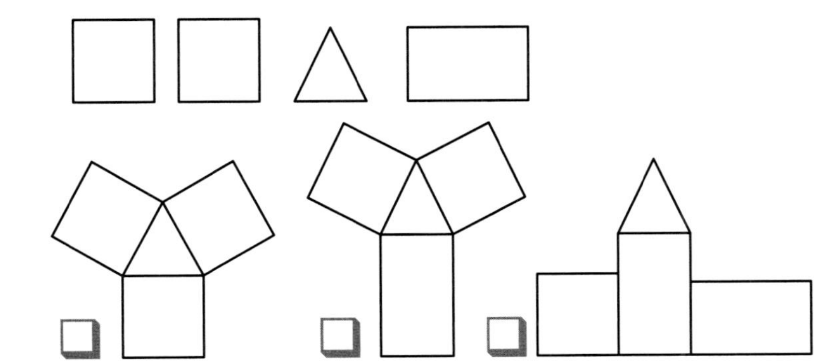

Partnerarbeit

Vergleicht eure Ergebnisse mit einem Partner.

Technisches Verständnis I

Alle Berufe, bei denen große Maschinen bedient werden, erfordern technisches Verständnis. Besonders gefordert ist diese Fähigkeit in der Metallverarbeitung und bei einigen handwerklichen Berufen.

Einzelarbeit

Überlege, wie du reagieren würdest. Kreuze an!

1) Dein elektrischer Rasenmäher springt nicht an.
R) Zündkerze wechseln.
S) Benzin nachfüllen.
T) Kabel überprüfen.

2) Dein Computer geht plötzlich aus, der Drucker funktioniert aber noch.
E) Netzteil überprüfen.
F) Sicherung im Sicherungskasten überprüfen.
G) Das CD-Laufwerk ausbauen.

3) Das Auto bremst nicht richtig.
A) Die Bremsscheiben abschleifen.
B) Die Bremsen ölen.
C) Die Bremsbeläge überprüfen.

4) Der Kaffee aus der Maschine schmeckt nicht mehr.
H) Die Maschine entkalken.
I) Neue Kaffeesorte suchen.
J) Das Wasser erst abkochen.

5) Die Wäsche kommt sehr nass aus der Waschmaschine.
M) Das Waschmittel wechseln.
N) Das Flusensieb reinigen.
O) Die Trommel reinigen.

6) Der Akkuschrauber will die Schraube nicht in die Wand schrauben.
I) Den Schalter auf „Rechtslauf“ stellen.
J) Auf eine höhere Stufe stellen.
K) Den Akku austauschen.

7) Der Fernseher zeigt auf allen Kanälen nur Schnee.
J) Sicherung überprüfen.
K) Kabel überprüfen.
L) Abwarten, bis die Sender wieder arbeiten.

Lösungswort:

Alle

Vergleicht und diskutiert eure Ergebnisse:
- ▶ Wer kennt sich mit der Technik aus?
- ▶ Wer traut sich zu, einen Computer zu reparieren?

Technisches Verständnis II

Einzelarbeit

Wie gut ist dein technisches Verständnis? Kreuze an!

1) Welche Heizung gibt mehr Wärme ab?
J) *Heizung A*
K) *Heizung B*
L) *Beide gleich viel*

2) Welche Seite der Wippe geht hoch?
H) *Die linke Seite*
I) *Die rechte Seite*
J) *Die Wippe bleibt ausgeglichen*

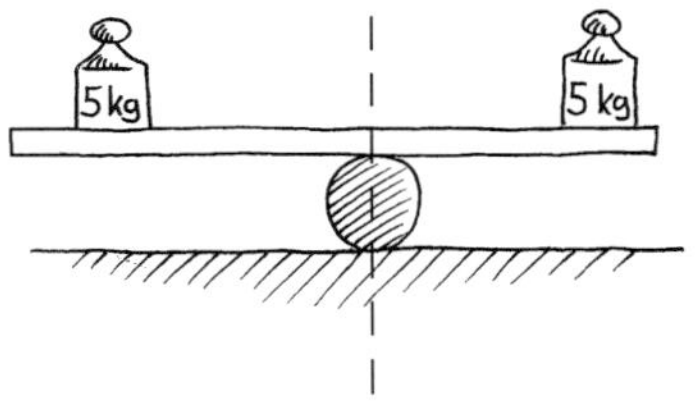

3) Welches Regal ist am stabilsten gebaut?
N) *Regal A*
M) *Regal B*
O) *Beide gleich stabil*

4) In welche Vase passt am meisten Wasser?
L) *Gefäß A*
M) *Gefäß B*
O) *Gefäß C*

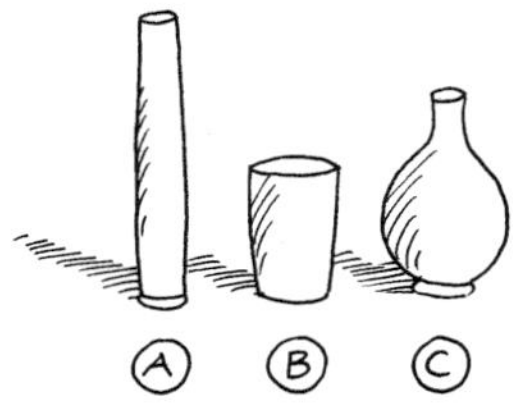

Lösungswort:

☐ ☐ ☐ ☐

Alle

Vergleicht und diskutiert eure Ergebnisse:
▶ Wem sind die Aufgaben sehr leicht gefallen?
▶ Wem machen solche Aufgaben Spaß?

Spaßfaktor der Aufgaben:

☺ 😐 ☹

So schätze ich mich ein:

Ich habe ein ☐ sehr gutes ☐ weniger gutes ☐ überhaupt kein gutes technisches Verständnis.

Körperliche Belastbarkeit I

> Bei vielen Berufen ist körperliche Belastbarkeit eine Grundvoraussetzung. Damit ist nicht nur die Kraft gemeint! Auch andere körperliche Anstrengungen, wie z.B. langes Stehen, kommen im Praktikum oder in der Ausbildung auf euch zu.

Gruppenarbeit

Zunächst überlegt sich jeder alleine 5 Berufe, die körperlich anstrengend sind. Schreibt diese Berufe auf 5 kleine Zettel.

Gebt die Zettel im Uhrzeigersinn weiter. Notiert auf den Zetteln, welche Tätigkeiten bei diesem Beruf körperlich anstrengend sind.

Lest eure Zettel der Reihe nach vor. Diskutiert und entscheidet euch für 8 Berufe, bei denen körperliche Belastbarkeit besonders gefragt ist. Tragt diese Berufe in die Schilder ein. Schreibt darunter die Tätigkeiten, die körperlich anstrengend sind.

Alle

Präsentiert und diskutiert eure Ergebnisse in der Klasse.

Körperliche Belastbarkeit II

Es gibt auch Berufe, bei denen man richtig viel Kraft braucht.
Dazu gehören alle Berufe im Baubereich. Egal, ob man Fliesen schleppen oder schwere Holzbalken heben muss, Kraft ist dafür unverzichtbar.
Aber auch die Altenpflegehelferin braucht viel Kraft beim Heben und Versorgen eines alten Menschen. Wie sieht es mit euren „Muckis" aus?

TIPP

Am besten geht ihr auf den Schulhof oder in die Turnhalle.
Bestimmt eine Strecke, ihr könnt auch Hindernisse aufbauen.

Gruppenarbeit

Bildet 3er-Teams.
Zwei stellen sich einander gegenüber auf und geben sich mit gekreuzten Armen die Hände.
Der Dritte setzt sich auf den so entstandenen Sitz und lässt sich tragen.

Wer ist ein guter „Träger"?

Das habe ich ☐ sehr gut ☐ zufriedenstellend ☐ weniger gut gekonnt.

Bildet 2er-Teams.
Betätigt euch als „ Möbelträger".
Nehmt einen Tisch, und tragt ihn einmal auf den Schulhof und wieder zurück. Der Tisch darf unterwegs nicht abgesetzt werden, und er darf nirgendwo anstoßen!

Wer ist ein guter „Möbelträger"?

Das habe ich ☐ sehr gut ☐ zufriedenstellend ☐ weniger gut gekonnt.

Überlegt kurz alleine und dann in Gruppen, wie ihr im Alltag eure Fitness verbessern könnt. Schreibt diese Dinge auf.

Alle

Präsentiert und diskutiert eure Ergebnisse in der Klasse.

Spaßfaktor der Aufgaben:

☺ 😐 ☹

So schätze ich mich ein:

Ich bin ☐ sehr ☐ weniger ☐ überhaupt nicht körperlich belastbar.

Alltagssituationen erfassen I

Überall dort, wo du mit anderen Menschen, egal ob Kunden oder Kollegen, umgehen musst, ist es wichtig, dass du alltägliche Situationen richtig einschätzen und entsprechend reagieren kannst.

Einzelarbeit

Schau dir das Bild an.
Schreibe auf, was deiner Meinung nach passiert ist.

Überlege dir, wie die Betroffenen reagieren:
Was denken und sagen die Betroffenen?
Du bist Praktikant: Wie reagierst du? Was sagst du?

Gruppenarbeit

Lest nacheinander eure Überlegungen vor.
Diskutiert und einigt euch auf eine Lösung.
Schreibt dann eine kurze Geschichte zu dem Bild und euren Überlegungen.

Alle

Vergleicht und diskutiert eure Geschichten in der Klasse.

Einzelarbeit

Die Kundin geht nach Hause und erzählt, was in der Bäckerei passiert ist.
Schreibe aus Sicht der Kundin, was passiert ist.

Gruppenarbeit

Stellt die Situation spielerisch dar.
Verteilt die Rollen: Besprecht, wer was sagt oder tut.
Übt das Rollenspiel ein, und präsentiert es vor der Klasse.

Alltagssituationen erfassen II

Partnerarbeit

Lest die Situationen durch. Überlegt, was passiert sein könnte.

Nadine arbeitet in einer Boutique. Eine Kundin verschwindet mit einem Teil in einer Umkleidekabine. Nach 10 Minuten ist die Kundin immer noch in der Kabine.

Welche möglichen Erklärungen hast du dafür?
Wie verhältst du dich?

____

____

____

____

Du arbeitest in einem Neubau als Gebäudereiniger. Dein Kollege will noch etwas aus dem Auto holen. Als er nicht zurückkommt, schaust du nach: Das Auto steht an seinem Platz, aber der Kollege ist nicht zu finden.

Welche möglichen Erklärungen hast du dafür?
Wie verhältst du dich?

____

____

____

____

Du machst eine Ausbildung zur Frisörin und färbst einer Kundin die Haare. Die Kundin fängt plötzlich an, zu weinen, Tränen kullern ihr über die Wange.

Welche möglichen Erklärungen hast du dafür?
Wie verhältst du dich?

____

____

____

____

Du bist in einem Alten- und Pflegeheim beschäftigt und verteilst das Mittagessen. Ein alter Mann beschimpft dich und wirft einen Löffel nach dir.

Welche möglichen Erklärungen hast du dafür?
Wie verhältst du dich?

____

____

____

____

Alle

Präsentiert und diskutiert eure Ergebnisse in der Klasse.

Spaßfaktor der Aufgaben:

☺ 😐 ☹

So schätze ich mich ein:

Ich kann Situationen im Alltag ☐ sehr ☐ weniger ☐ überhaupt nicht gut erfassen.

Organisationsfähigkeit I

In vielen Berufen ist es wichtig, auch mehrere Aufgaben zu erledigen. „Ich werde kurz in Aufgaben eingewiesen und muss diese dann sofort übernehmen“, erzählt Gina.

Gina macht eine Ausbildung zur Hauswirtschaftshelferin.
Sie hat noch einige Aufgaben vor sich, und in 2 Stunden muss alles erledigt sein!

Einzelarbeit

Schneide die Aufgaben aus, und sortiere sie so, dass um 16 Uhr alles erledigt ist.
Überlege: Was kann gleichzeitig erledigt werden?

Waschmaschine einräumen und anstellen. (10 Min.) Hinweis: Waschmaschinengang braucht 90 Min.!	Auflaufform in den Ofen stellen. Hinweis: Auflauf braucht 10 Min.!
Gehacktes mit Ei und Brötchen zubereiten und würzen. (10 Min.)	Kartoffeln kochen. Hinweis: Kartoffeln brauchen 20 Min.!
Waschmaschine ausstellen.	Wäsche aus der Maschine nehmen und aufhängen. (20 Min.)
Auflaufform aus dem Ofen nehmen, auf den Tisch stellen und Portionen auf die Teller verteilen. (10 Min.)	Gebügelte Handtücher in den Schrank räumen. (10 Min.)
Trockene Handtücher von der Leine nehmen und bügeln. (30 Min.)	Gehacktes mit den Kartoffeln in eine Auflaufform geben und mit Käse bestreuen. (10 Min.)
Gehacktes braten. (10 Min.)	Kartoffeln vom Herd nehmen.
Kartoffeln schälen. (10 Min.)	Tisch decken. (10 Min.)

Gruppenarbeit

Vergleicht eure Ergebnisse, und einigt euch auf eine Reihenfolge.
Erstellt einen Zeitplan. Überlegt, was gleichzeitig erledigt werden kann!
Klebt die Aufgabenkarten ein.

Uhrzeit	**Aufgaben**	**Das kann gleichzeitig gemacht werden …**
14 Uhr		

Alle

Vergleicht und diskutiert eure Ergebnisse in der Klasse.

Organisationsfähigkeit I (Lösung)

Uhrzeit	Aufgaben	Das kann gleichzeitig gemacht werden ...
14:00	Waschmaschine einräumen und anstellen. (10 Min.) Hinweis: Waschmaschinengang braucht 90 Min.!	
14:10	Kartoffeln schälen. (10 Min.)	
14:20	Gehacktes mit Ei und Brötchen zubereiten und würzen. (10 Min.)	Kartoffeln kochen. Hinweis: Kartoffeln brauchen 20 Min.!
14:30	Gehacktes braten. (10 Min.)	
14:40	Gehacktes mit den Kartoffeln in eine Auflaufform geben und mit Käse bestreuen. (10 Min.)	Kartoffeln vom Herd nehmen.
14:50	Tisch decken. (10 Min.)	Auflaufform in den Ofen stellen. Hinweis: Auflauf braucht 10 Min.!
15:00	Auflaufform aus dem Ofen nehmen, auf den Tisch stellen und Portionen auf die Teller verteilen. (10 Min.)	
15:10	Trockene Handtücher von der Leine nehmen und bügeln. (30 Min.)	
15:20		
15:30	Gebügelte Handtücher in den Schrank räumen. (10 Min.)	
15:40	Waschmaschine ausstellen.	Wäsche aus der Maschine nehmen und aufhängen. (20 Min.)
15:50		
16:00		

Organisationsfähigkeit II

Simon macht eine Ausbildung zum Fahrradmonteur.
Sein Chef hat ihm aufgeschrieben, was er alles noch zu erledigen hat.
Simon befindet sich im Hauptgeschäft der Firma.

Partnerarbeit

Wie würdet ihr die Aufträge erledigen?
Notiert eine sinnvolle Reihenfolge!
Tipp: Es gibt verschiedene Möglichkeiten!

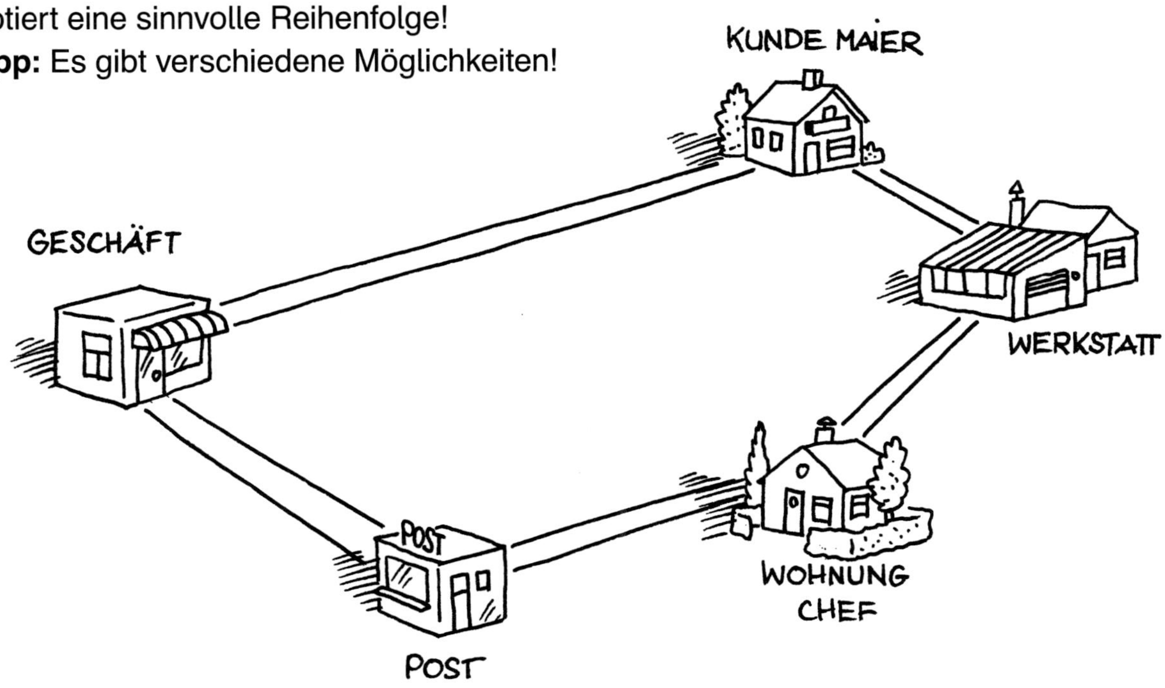

- ☐ Hole vorher aus der Werkstatt ein Pedal.
- ☐ Bringe das fertige Rad zu Kunde Meier.
- ☐ Bringe den Schlüssel zur Werkstatt, wenn du das Geschäft abgeschlossen hast.
- ☐ Kunde Meier gibt dir Geld für die Fahrradreparatur, das du zur Wohnung des Chefs bringst.
- ☐ Bringe die Pedale zum Geschäft.
- ☐ Hole das fertige Rad aus der Werkstatt.
- ☐ Bringe das Paket zum Wohnhaus des Chefs.
- ☐ Vom Wohnhaus des Chefs bringst du bitte einen Schlüssel mit, um später das Geschäft abzuschließen.
- ☐ Schließe das Geschäft mit dem Schlüssel ab.
- ☐ Hole ein Paket von der Post ab.

Alle

Vergleicht und diskutiert eure Ergebnisse in der Klasse. Schreibt eure Lösung auf.

Als Erstes holt Simon …

Spaßfaktor der Aufgaben:

☺ 😐 ☹

So schätze ich mich ein:

Ich kann mich ❑ sehr ❑ weniger ❑ überhaupt nicht gut organisieren.

Organisationsfähigkeit II (Lösung)

Simon macht eine Ausbildung zum Fahrradmonteur.
Sein Chef hat ihm aufgeschrieben, was er alles noch zu erledigen hat.
Er befindet sich im Hauptgeschäft der Firma.

Partnerarbeit

Wie würdet ihr die Aufträge erledigen?
Notiert eine sinnvolle Reihenfolge!

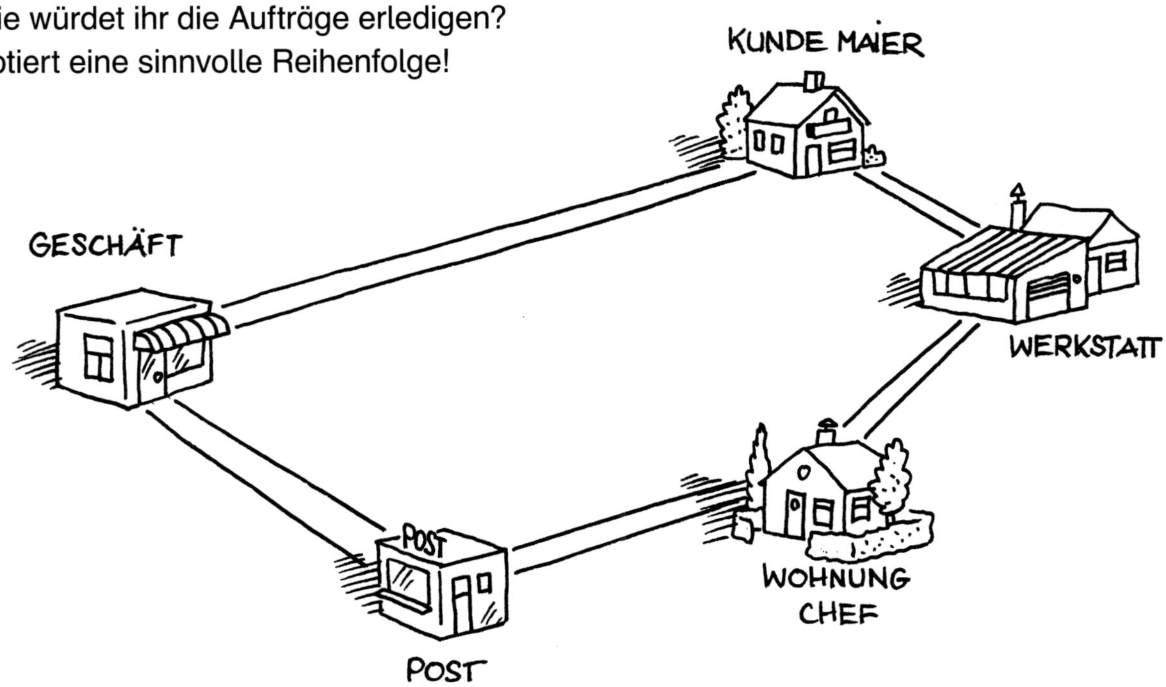

Dies ist eine mögliche Lösung:

1) Hole das fertige Rad aus der Werkstatt.
2) Bringe das fertige Rad zu Kunde Meier.
3) Kunde Meier gibt dir Geld für die Fahrradreparatur, das du zur Wohnung des Chefs bringst.
4) Vom Wohnhaus des Chefs bringst du bitte den Schlüssel mit, um später das Geschäft abzuschließen.
5) Hole aus der Werkstatt ein Pedal.
6) Bringe die Pedale zum Geschäft.
7) Schließe das Geschäft mit dem Schlüssel ab.
8) Hole ein Paket von der Post ab.
9) Bringe das Paket zum Wohnhaus des Chefs.
10) Bringe den Schlüssel zur Werkstatt, wenn du das Geschäft abgeschlossen hast.

Kommunikationsfähigkeit I

Kommunikationsfähigkeit ist in jedem Beruf gefragt. Es wird erwartet, dass man seine Meinung überzeugend vorbringen kann. Außerdem gibt es viele Berufe, bei denen es wichtig ist, dass man sich gerne mit anderen Menschen unterhält.
Viele Kunden beim Frisör erwarten eine angeregte Unterhaltung. Die Verkäuferin muss gut beraten, um etwas zu verkaufen. Der Fliesenleger muss einen Kunden von einem Material überzeugen können. Es ist also von Vorteil, wenn man überzeugen kann und Spaß am Reden und an Unterhaltungen hat.

Dennis arbeitet in einem Altenheim als Altenpflegehelfer.
Er bekommt die Aufgabe, mit Herrn Krüger, der im Rollstuhl sitzt, einen Spaziergang zu machen. Herr Krüger hat dazu keine Lust. Dennis versucht, ihn zu überzeugen.

Gruppenarbeit

Bildet zwei Expertengruppen.

Alle Mitglieder der ersten Expertengruppe notieren zunächst alleine, mit welchen Argumenten Dennis Herrn Krüger überzeugen könnte. Dann werden in der Gruppe die Argumente vorgelesen, besprochen und ergänzt.

Alle Mitglieder der zweiten Expertengruppe notieren zunächst alleine, mit welchen Argumenten Herr Krüger versuchen wird, nicht nach draußen gehen zu müssen. Dann werden in der Gruppe die Argumente vorgelesen, besprochen und ergänzt.

Gruppenarbeit

Bidet jetzt 2er- oder 4er-Teams aus beiden Expertengruppen. Schreibt ein Gespräch auf, bei dem Dennis und Herr Krüger ihre Argumente vorbringen.

Gruppenarbeit

Neben der Fähigkeit, zu argumentieren,
muss man auch Freude am Reden haben.
Übt das Gespräch ein, und spielt es in der Klasse vor.

Kommunikationsfähigkeit II

Gruppenarbeit

Bildet 3er-Gruppen.
Schneidet die Karten aus, und verteilt sie gleichmäßig untereinander.
Jeder muss nun die fett gedruckten Begriffe auf seinen Karten erklären, darf aber die 3 Wörter darunter nicht benutzen.
Wer einen Begriff errät, bekommt die Karte.
Dann ist der Nächste mit dem Erklären an der Reihe.
Wer zum Schluss die meisten Karten gesammelt hat, ist Sieger.

ABSCHLUSSPRÜFUNG Ende Prüfung Noten	**KÜNDIGUNG** Ende Schluss Grund	**BERUFSWAHL** Arbeitsamt Lernen Ausbildung
AUSBILDUNGSVERTRAG Unterschrift abschließen Betrieb	**AUTOLACKIERER** Auto Lack sprühen	**FRISÖR** Haare Schere schneiden
BERICHTSHEFT Pflicht aufschreiben Nachweis	**MAURER** Kelle Steine mauern	**MALER UND LACKIERER** Farbe Pinsel anstreichen
TANKWART Auto Tankstelle Benzin	**AUSBILDUNGSBERUF** Lehre lernen Prüfung	**SCHREINER** Säge Holz sägen
AUSBILDUNGSDAUER Länge Jahre Zeit	**ARBEITSZEIT** Stunden Tag Stechuhr	**ALTENPFLEGER/IN** alte Menschen pflegen Altenheim
RESTAURANTFACH ... Gast Essen bedienen	**GÄRTNER** Pflanzen Rasen graben	**GEBÄUDEREINIGER** Putzmittel Wasser reinigen
PÜNKTLICHKEIT Beginn zu spät Minute	**AUSZUBILDENDER** Azubi Ausbildung Lehre	**BERUFSSCHULPFLICHT** Lernen schwänzen blau machen

Kommunikationsfähigkeit III

Einzelarbeit

Murat möchte ein Praktikum an einer Tankstelle machen.
Er stellt sich dort vor und fragt nach einem Praktikumsplatz.
Die Tankstellenbesitzerin, Frau Diesel, hat einige Fragen und Murat auch.
Welche Fragen könnten sich Murat und Frau Diesel gegenseitig stellen?

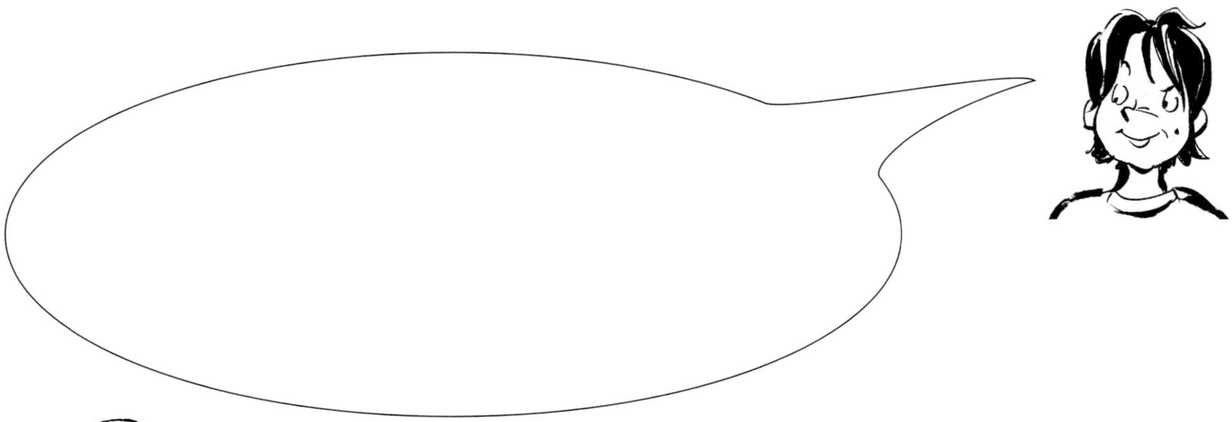

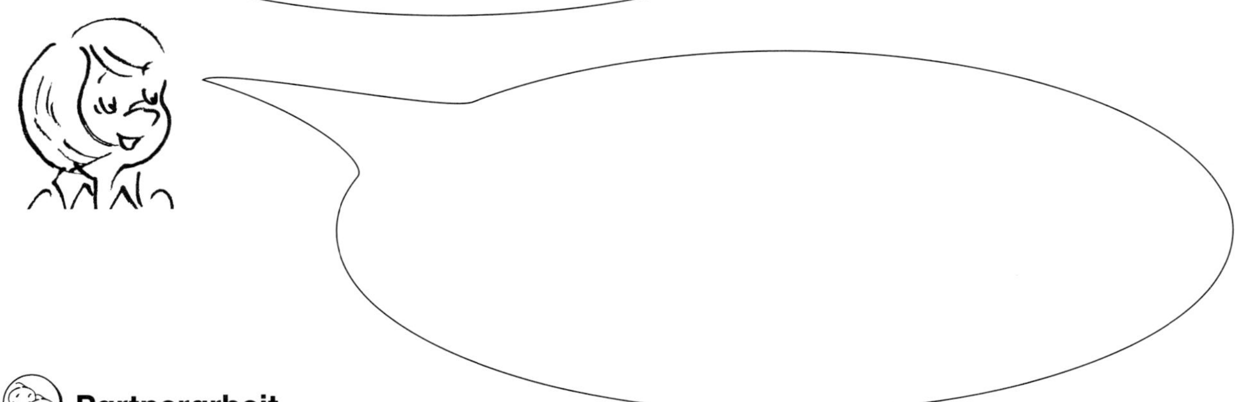

Partnerarbeit

Vergleicht eure Ergebnisse mit einem Partner, und ergänzt weitere Fragen.
Schreibt mit Hilfe der Fragen ein Gespräch zwischen Murat und Frau Diesel auf.
Übt das Gespräch ein, und spielt es in der Klasse vor.

Alle

Tauscht euch in der Klasse aus:
- ▶ Wer kann besonders gut argumentieren oder denkt sich gute Fragen aus?
- ▶ Wer traut sich, vor allen zu sprechen?
- ▶ Wer hat Lust, die Situation nachzuspielen?

Spaßfaktor der Aufgaben: ☺ 😐 ☹

So schätze ich mich ein:

Ich bin ☐ sehr ☐ weniger ☐ überhaupt nicht kommunikationsfähig.

Hilfsbereitschaft I

Hilfsbereitschaft ist eigentlich in allen Berufen gefragt, besonders im sozialen Bereich und in allen Dienstleistungsberufen.
Als Verkäuferin musst du vielleicht auch mal anbieten, eine schwere Kiste zum Auto zu tragen. Als Altenpflegehelferin stehst du den Menschen ständig helfend zur Seite. Aber auch andere Tätigkeiten, z.B. im Garten- und Landschaftsbau, erfordern Hilfsbereitschaft, um den Kunden zufrieden zu stellen.

Einzelarbeit

Wobei hast du jemandem in letzter Zeit geholfen? Berichte davon.

Gruppenarbeit

Bildet 3er-Gruppen.
Überlegt, wo eure Hilfsbereitschaft gefragt ist.
Jeder übernimmt einen Bereich, dann besprecht und ergänzt ihr gemeinsam die einzelnen Kästchen.

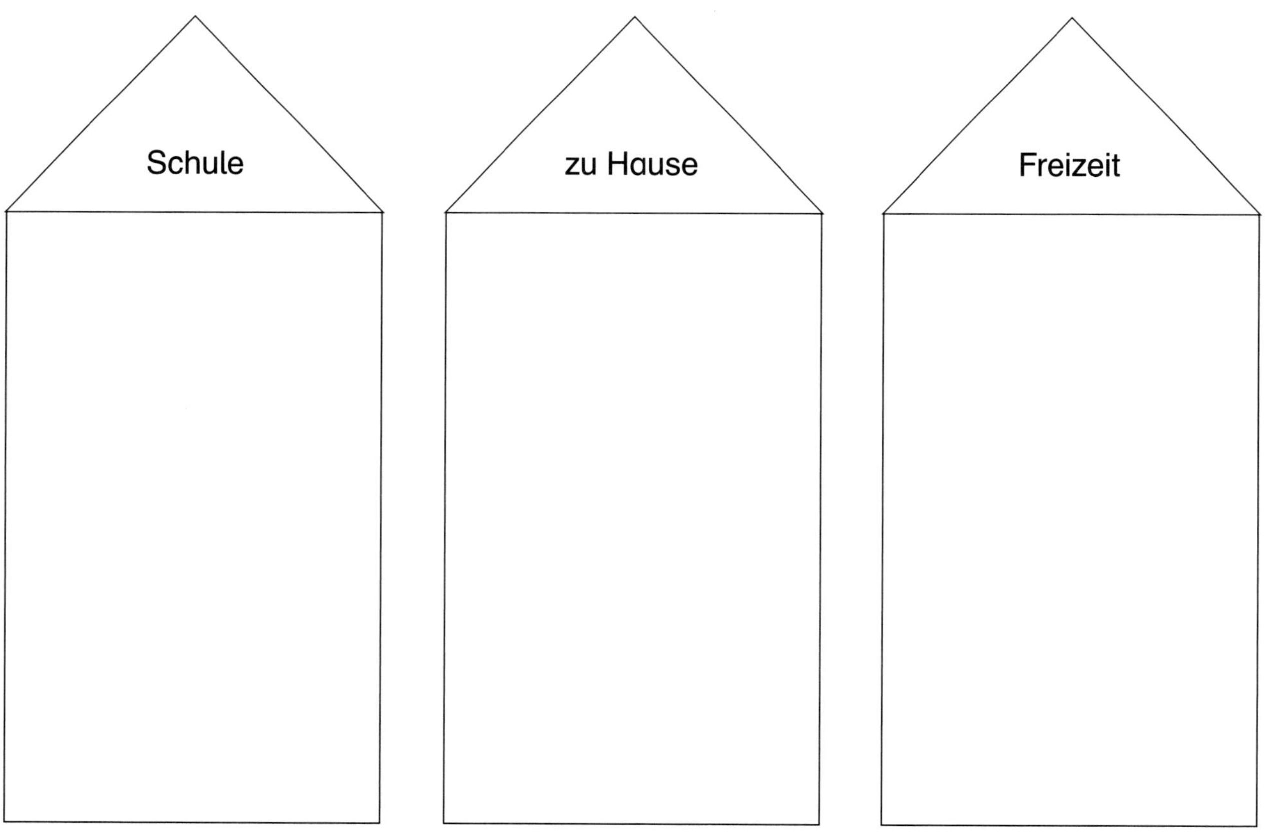

Alle

Präsentiert und vergleicht eure Ergebnisse in der Klasse.

Hilfsbereitschaft II

Gruppenarbeit

In der Schule zeigt sich deine Hilfsbereitschaft in vielen Situationen.
Überlege, wie hilfsbereit du wirklich bist,
und bearbeite die folgenden Punkte ehrlich.

Lest dann eure Selbsteinschätzungen vor.
Die anderen Gruppenmitglieder stimmen dieser Einschätzung zu oder nicht.

Situation	Kein Problem!	Ne, nicht mein Ding!	Zustimmung ja/nein
Ein Mitschüler bittet dich, ihm einen Bleistift auszuleihen.			
Du wirst aufgefordert, die Tafel zu putzen.			
Du sollst Papier aufheben, welches du nicht auf den Boden geworfen hast.			
Du sollst einem Mitschüler, der nebenan wohnt, am Nachmittag die Hausaufgaben vorbeibringen.			
Du sollst dem Hausmeister nach dem Unterricht helfen, ein paar neue Tische in das Gebäude zu tragen.			
Du sollst auf dem Schulhof die jüngeren Schüler beaufsichtigen und auf die eigene Pause verzichten.			
Eine ältere Lehrerin bittet dich, einen schweren Karton aus dem Auto zu holen.			
Ein Mitschüler hat sein Geldbeutel verloren. Hilfst du nach dem Unterricht, ihn zu suchen?			
Du sollst in der Pause am Schülerkiosk aushelfen.			

HINWEIS

Diese Kompetenz kann hier nur durch Selbst- und Fremdeinschätzung überprüft werden. Daher fehlt an diese Stelle der Spaßsmiley.

Kreuze an:

Ich bin

☐ sehr ☐ weniger ☐ überhaupt nicht hilfsbereit.

Lärm- und Geruchsempfindlichkeit

Macht dir Lärm und Geruch nichts aus? Oder bist du eher empfindlich?
Hast du Probleme mit schlechten Gerüchen?

Thomas macht ein Praktikum beim Fliesenleger.
Auf der Baustelle ist den ganzen Tag Lärm:
Bohrmaschinen und Winkelschleifer laufen um die Wette.
Ein Arbeiter öffnet jetzt den Abfluss in dem Badezimmer,
in dem Thomas arbeitet. Jetzt fängt es auch noch an, fürchterlich zu stinken.
Thomas hat sich jedoch an Lärm und Geruch gewöhnt.

Partnerarbeit

Wie ist das bei euch bei dem Thema Lärm und schlechte Gerüche?
Schätzt euch gegenseitig ein.
Lest dazu die Beispiele in der Spalte „Situation" durch.
Überlegt, was euer Partner ankreuzen würde:
stimmt, stimmt eher nicht, stimmt nicht?
Tauscht euch dann über eure Einschätzungen aus:
Wie sieht sich jeder selbst?
Kreuzt dazu in der Spalte „Einschätzung" richtig (+) oder nicht richtig (-) an!

Alle

Besprecht eure Einschätzungen in der Klasse:
- Wer hat kein Problem mit Lärm und schlechten Gerüchen?
- Wer ist da eher empfindlich?

HINWEIS

Diese Kompetenz kann hier nur durch Selbst- und Fremdeinschätzung überprüft werden. Daher fehlen an dieser Stelle die Spaßsmileys.

Kreuze an:

Arbeit, bei der es laut ist, ist für mich

☐ okay ☐ weniger okay ☐ nicht okay!

Arbeit, bei der es schlecht riecht, ist für mich

☐ okay ☐ weniger okay ☐ nicht okay!

Situation	**stimmt**	**stimmt eher nicht**	**stimmt nicht**	**Einschätzung: richtig (+), nicht richtig (-)**
In der Disco neben den Boxen zu stehen, macht dir nichts aus.				
Du hältst dir nicht sofort die Ohren zu, wenn der Nachbar den Bohrer anstellt.				
Der Lärm im Werkunterricht stört dich nicht.				
Du magst die Geräusche auf der Kirmes.				
Wenn es laut ist, schreist du halt.				
Du hörst gerne sehr laut Musik.				
Dich stört der Geruch einer Mülltonne nicht.				
Du hast kein Problem mit dem Geruch von kochendem Kohl.				
Über ein frisch gedüngtes Feld zu gehen, ist für dich okay.				
Du kannst dir vorstellen, einen Pferdestall auszumisten.				
Den Geruch von Erbrochenem kannst du ertragen.				

Kälte- und Wärmeempfindlichkeit

Bist du eine Frostbeule, oder macht bei Hitze dein Kreislauf schnell schlapp? Oder machen dir Kälte und Wärme eigentlich nichts aus?

Marie wird Bäckerin. In der Backstube ist es durch die Öfen immer mollig warm, im Sommer ist die Hitze manchmal jedoch kaum zu ertragen. Marie hat damit kein Problem. Sie mag Hitze und ist froh, bei der Arbeit nicht frieren zu müssen.
Marc dagegen wird zum Tankwart ausgebildet. Er muss auch bei Schnee und Eis draußen den Service, wie z.B. Öl nachschauen, machen. Dabei ist ihm oft sehr kalt, und er kann seine Finger nach einiger Zeit kaum noch bewegen.

Partnerarbeit

Wie ist das bei euch mit Kälte und Wärme?
Schätzt euch gegenseitig ein.
Lest dazu die Beispiele in der Spalte „Situation" durch.
Überlegt, was euer Partner ankreuzen würde:
stimmt, stimmt eher nicht, stimmt nicht?

Tauscht euch dann über eure Einschätzungen aus:
Wie sieht sich jeder selbst?
Kreuzt dazu in der Spalte „Einschätzung" richtig (+) oder nicht richtig (-) an!

Alle

Besprecht eure Einschätzungen in der Klasse:
- Wer hat kein Problem mit Kälte und Wärme?
- Wer ist da eher empfindlich?

Situation	stimmt	stimmt eher nicht	stimmt nicht	Einschätzung: richtig (+), nicht richtig (-)
Du gehst auch im Winter gerne raus in die Pause.				
Du frierst nicht ständig.				
Du arbeitest in der Schule gerne bei offenem Fenster.				
Du bist gerne im Schnee unterwegs.				
Du gehst auch ins Freibad, wenn es nicht so heiß ist.				
Du arbeitest gerne draußen.				
Du schwitzt nicht so leicht.				
Du bist gerne in der Sonne, auch wenn es heiß ist.				
Du magst es gerne mollig warm.				
Du lässt die Fenster gerne zu.				
Dir macht es nichts aus, dich im Sommer ins heiße Auto zu setzen.				

HINWEIS

Diese Kompetenz kann hier nur durch Selbst- und Fremdeinschätzung überprüft werden. Daher fehlen an dieser Stelle die Spaßsmileys.

Kreuze an:

Arbeit, bei der es sehr kalt ist, ist für mich

☐ okay ☐ weniger okay ☐ nicht okay!

Arbeit, bei der es sehr warm, ist für mich

☐ okay ☐ weniger okay ☐ nicht okay!

Meine Kompetenzen

Name: ______________________________

Kompetenz	Kann ich sehr gut	Kann ich weniger gut	Kann ich nicht gut	☺	😐	☹
Schlüsselkompetenzen						
Zuverlässigkeit						
Selbstständigkeit						
Allgemeinbildung						
Belastbarkeit/Leistungsbereitschaft						
Konfliktfähigkeit						
Teamfähigkeit						
Kommunikationsfähigkeit						
Individuelle Kompetenzen						
Konzentration						
Genauigkeit						
Kreativität						
Merkfähigkeit						
Handwerkliches Geschick						
Räumliches Vorstellungsvermögen						
Technisches Verständnis						
Körperliche Belastbarkeit						
Alltagsituationen erfassen						
Organisationsfähigkeit						
Kommunikationsfähigkeit						
Hilfsbereitschaft						
Individuelle Kompetenzen	**okay**	**weniger okay**	**nicht okay**			
Lärmempfindlichkeit						
Geruchsempfindlichkeit						
Kälteempfindlichkeit						
Wärmeempfindlichkeit						

Mein persönliches Profil

Name: ______________________________

Einzelarbeit

Trage ein, was du gut kannst und was dir Spaß macht!

Das kann ich gut:	Das macht mir Spaß:

Alle

Lest die persönlichen Profile in der Klasse vor.
Ratet, um wen es sich handelt.

Maler/in und Lackierer/in – *Infoseite*

Hey, ich bin Volkan und mache eine überbetriebliche Ausbildung zum Maler und Lackierer. Überbetrieblich heißt, dass ich nicht in einem echten Betrieb arbeite, sondern in einer extra dafür eingerichteten Werkstatt alle Tätigkeiten eines Malers und Lackierers lerne. Hier bekomme ich von den Ausbildern viel Unterstützung. Und wenn ich mal etwas länger brauche, ist das auch in Ordnung.
Am meisten Spaß macht es mir, Teile von Wänden mit Mustern zu gestalten. Das fertige Band aus Mustern heißt bei uns Bordüre. Dabei muss man sich konzentrieren, und man braucht eine ruhige Hand. Die Arbeit geht ganz schön in die Arme, wenn man stundenlang mit dem Pinsel in dieser Höhe arbeitet. Aber es ist cool, wenn die Bordüre fertig ist und alle begeistert sind.
Wie viele Arbeiten vor dem eigentlichen Streichen notwendig sind, wusste ich erst gar nicht. Zuerst wird der Kunde beraten, Farben werden ausgesucht, und der Raum wird vorbereitet. Da sind räumliches Vorstellungsvermögen und Kreativität gefragt. Tapeten abreißen, Wände ausbessern, Fensterrahmen abschleifen und lackieren, das alles erfordert Ausdauer und handwerkliches Geschick.
Nach der Arbeit müssen die Werkzeuge, vor allem die Pinsel, gründlich gereinigt werden. Das ist nervig, aber wichtig. Einmal hatte ich echt keine Lust dazu, da war mein Chef stinksauer!
Zu Hause und bei meinen Kollegen bin ich jetzt ein gefragter Typ. Als Fachmann kann ich jetzt Tapeten auch auf krummen Wänden gerade anbringen.
Draußen arbeite ich auch ganz gerne, nur nicht bei schlechtem Wetter. Letzten Monat haben wir eine Hausfassade neu gestaltet, und ich habe auf einem Gerüst gearbeitet – das war ziemlich wackelig.
Die Berufsschule ist ganz schön schwer, besonders Mathe. Aber wenn man Farben selber mischen und Farbmengen ausrechnen will, muss man sich mit dem Dreisatz schon auskennen.

Information

Maler/in und Lackierer/in

Ausbildung: 3 Jahre

verkürzte Ausbildung:
Bauten-und Objektbeschichter

Folge diesen Links:

www.planet-beruf.de

- ▶ Schüler
- ▶ Entscheiden
- ▶ Berufe von A bis Z
- ▶ B
- ▶ Bauten- und Objektbeschichter/in

Maler/in und Lackierer/in – *Arbeitsblatt*

Maler/innen und Lackierer/innen führen viele Tätigkeiten aus und benötigen dazu viele verschiedene Kompetenzen.

Einzelarbeit

Teilt die Klasse in zwei Gruppen auf.
Jeder der ersten Gruppe markiert im Text die Kompetenzen, die ein Maler und Lackierer in seinem Beruf braucht.
Jeder der zweiten Gruppe markiert im Text die Tätigkeiten, die Volkan beschreibt.

Partner-/Gruppenarbeit

Bildet dann Kompetenz- und Tätigkeitsgruppen (2–4 Mitglieder pro Team).
Besprecht und notiert eure Ergebnisse.

Partnerarbeit

Bildet 2er-Teams mit je einem aus der Kompetenz- und Tätigkeitsgruppe.
Überlegt, welche Kompetenzen für welche Tätigkeiten benötigt werden.
Schreibt die zueinander passenden Kompetenzen und Tätigkeiten in je ein Post-it®.
Fallen euch noch mehr Tätigkeiten von Malern und Lackierern ein?

Alle

Vergleicht und diskutiert eure Ergebnisse in der Klasse.

Maler/in und Lackierer/in

Einzelarbeit

Zeichne ein ähnliches Muster für eine Wandgestaltung (Bordüre) auf weißen Karton oder ein Stück Tapete.
Hänge diese Vorlage in etwa 1,50 m Höhe an die Wand.
Gestalte die Bordüre farbig mit Acryl- oder Wasserfarbe.
Arbeite genau und sorgfältig!

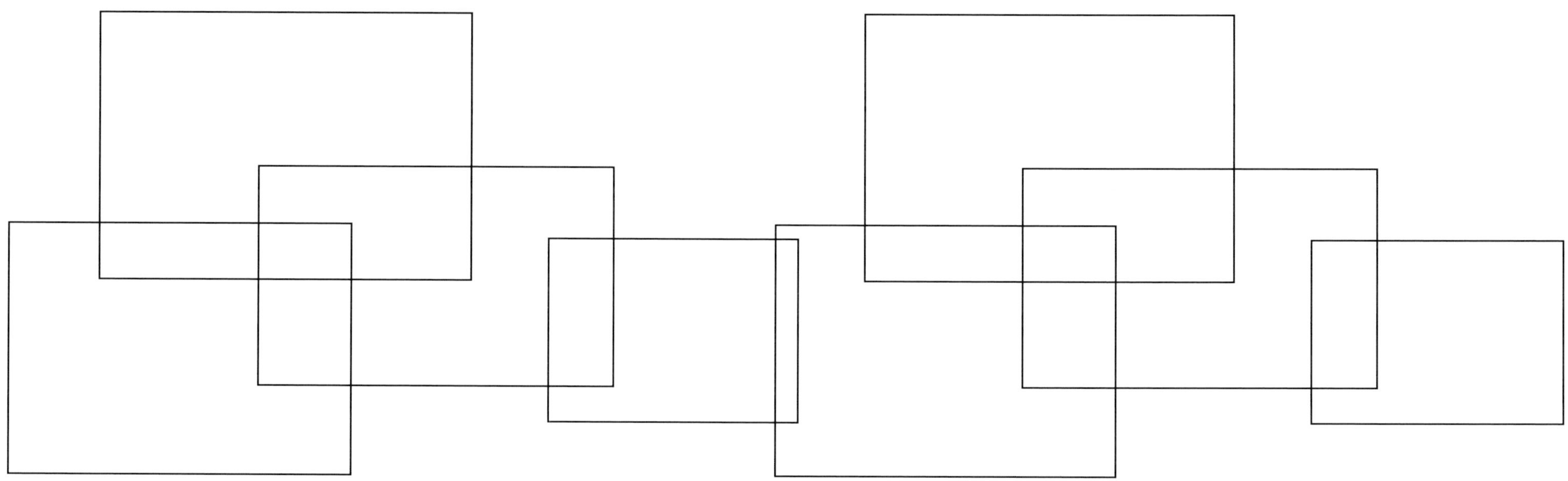

Den Beruf Maler/in und Lackierer/in kann ich mir ☐ gut ☐ vielleicht ☐ gar nicht vorstellen.

Tischler/in und Holzbearbeiter/in – *Infoseite*

Svenja besucht mit ihrer Klasse ein Berufsbildungswerk. In der Holzwerkstatt trifft sie René, der hier eine Ausbildung zum Holzbearbeiter macht. Svenja ist auch an einer solchen Ausbildung interessiert und kommt mit René ins Gespräch.

Svenja: „Ihr habt ja jede Menge große Maschinen hier, ist das nicht gefährlich?"

René: „Nee, für die Benutzung habe ich extra einen Maschinenschein gemacht! Jetzt darf ich die Tischfräse, die Kreissäge und den Dickenhobel selbstständig benutzen. Das macht Spaß, aber eigentlich arbeite ich lieber mit Handwerkzeugen."

Svenja: „Viele der Werkzeuge kenn ich gar nicht."

René: „Die lernst du alle während der Ausbildung kennen. Besonders gerne arbeite ich mit dem Hobel. Da muss man aber echt aufpassen!"

Svenja: „Das sehe ich. Da musst du wohl echt konzentriert und genau arbeiten!"

René: „Außerdem muss man handwerklich geschickt und ein guter Rechner sein. Der Chef meint, mit dem räumlichen Vorstellungsvermögen wäre bei mir nicht viel los, aber das trainiere ich jetzt."

Svenja: „Musst du auch schwer heben? Da hab ich Sorge, weil ich nicht so stark bin."

René: „Ach was, so schlimm ist das nicht! Und wenn du hier länger arbeitest, kommen die Muckis ganz von selbst – das Fitnessstudio kannst du dir sparen. Komm, ich zeig dir mal verschiedene Holzsorten."

Svenja: „Holz riecht so richtig gut! Ich glaub, ich mach mal ein Praktikum in einer Schreinerei, vielleicht ist das was für mich."

René: „Ja, probiere das mal aus. Vielleicht kannst du ja hier eine Ausbildung machen, und wir sehen uns dann wieder. Schau auch mal im Internet, da findest du viele Informationen!"

Information

Hier kannst du dir einen Film zum Beruf des Tischlers anschauen:

www.planet-beruf.de/Tischler

Die Ausbildung zum Holzbearbeiter hat weniger theoretische Anforderungen, und wenn du gut bist, kannst du dich später zum Tischler weiterbilden!

Tischler/in und Holzbearbeiter/in – *Arbeitsblatt*

Einzelarbeit

René hat viele neue Werkzeuge und Maschinen kennen gelernt.
Welche Arbeiten werden mit den verschiedenen Werkzeugen ausgeführt?
Ordne die Werkzeuge den passenden Erklärungen zu.

1
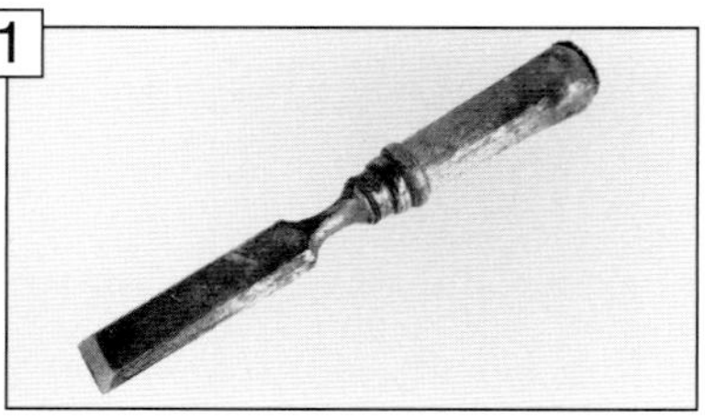
Stechbeitel

☐ Die Oberfläche des Holzes wird bearbeitet, indem Späne vom Material abgetragen werden. Die Holzoberfläche wird geglättet.

2

Hobel

☐ Vertiefungen im Holz werden ausgestemmt, um z.B. Beschläge einlassen zu können. Es muss mit dem Hammer gearbeitet werden.

3
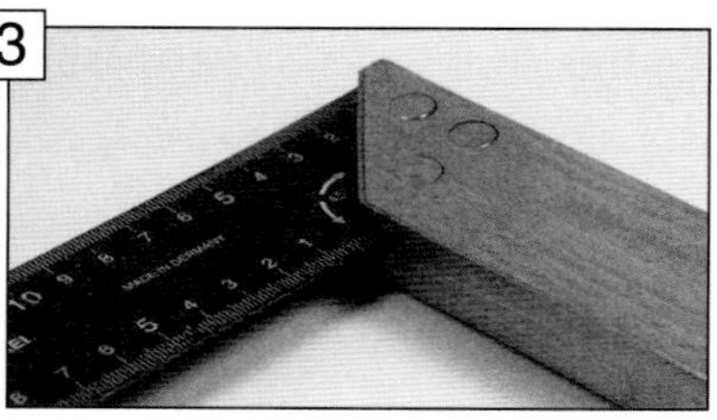
Winkel

☐ Besitzt kleine Sägezähne für feine Schnitte in Holz und Holzwerkstoffe.

4
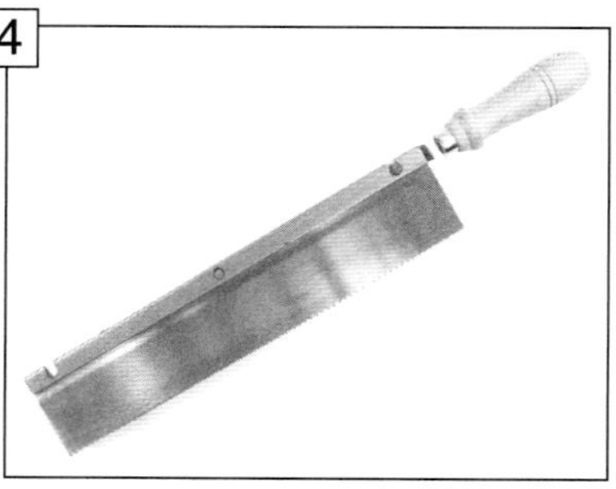
Feinsäge

☐ Besitzt Linien in einem rechten Winkel zum Ein- oder Anzeichnen. Zur Kontrolle der rechtwinkligen Lage von Kanten.

Welche Kompetenzen brauchst du für einen Beruf im Bereich Holz?
René nennt einige davon in seinem Gespräch mit Svenja!

____

____

____

____

Tischler/in und Holzbearbeiter/in – *Arbeitsblatt*

Einzelarbeit

Der Tischler muss rechnen und zeichnen können.
Schreibe die Maße an die Zeichnung.
Vergrößere die Zeichnung des Werkstücks auf die doppelte Größe, und übertrage sie in das leere Feld.
Das Geodreieck hilft dir als Lineal und Winkel.

Alle

Legt die Arbeitsergebnisse auf einen Tisch aus, und bewertet gegenseitig eure Ergebnisse.
Schreibt unter drei Arbeitsergebnisse, was euch gefällt, und/oder einen Tipp, was noch besser werden könnte.

Fliesenleger/in – *Infoseite*

Dieses tolle Motorradmosaik hat Felix mit ein paar Kollegen in seiner berufsvorbereitenden Bildungsmaßnahme (BvB) angefertigt. Er ist fest entschlossen, eine Ausbildung zum Fliesen-, Platten- und Mosaikleger zu beginnen. Um sich weiter zu informieren, surft er im Internet:

www.planet-beruf.de/Fliesen-Platten-u.2266.0.html?&type=99

Felix schaut sich im Internet den Tagesablauf von Michael an. Die meisten Tätigkeiten kennt er schon. Im BERUFENET-Steckbrief erkundigt er sich, wie lange die Ausbildung dauert, was er in der Ausbildung verdient und welchen Schulabschluss er braucht.

Erfreut stellt er fest, dass es auch Auszubildende ohne Hauptschulabschluss gibt, obwohl er den Hauptschulabschluss in der BvB unbedingt schaffen will. Jetzt schreibt er Bewerbungen. Vielleicht kann er ja durch ein gutes Praktikum einen Ausbildungsplatz bekommen!

Einzelarbeit

Schau dir unter der oben genannten Internetadresse Michaels Tagesablauf an. Beantworte folgende Fragen:

- Welche Stellen sind schwierig zu fliesen?
- Wozu braucht er einen großen Bottich?
- Wann fährt Michael mit seinem Chef morgens los?
- Wie lange muss man bis zum Verfugen einer gefliesten Fläche warten?
- Wer berechnet, wie viele Platten benötigt werden?
- Wie muss das Verhältnis Wasser zu Pulver bei Mörtel sein?
- Wie rührt Michael den Mörtel an?
- In welche Richtung wird die Fugenmasse aufgetragen?

Fliesenleger/in – *Arbeitsblatt*

Partnerarbeit

Mit Hilfe von Michaels Tagesablauf und dem BERUFENET-Steckbrief könnt ihr das Kreuzworträtsel lösen.

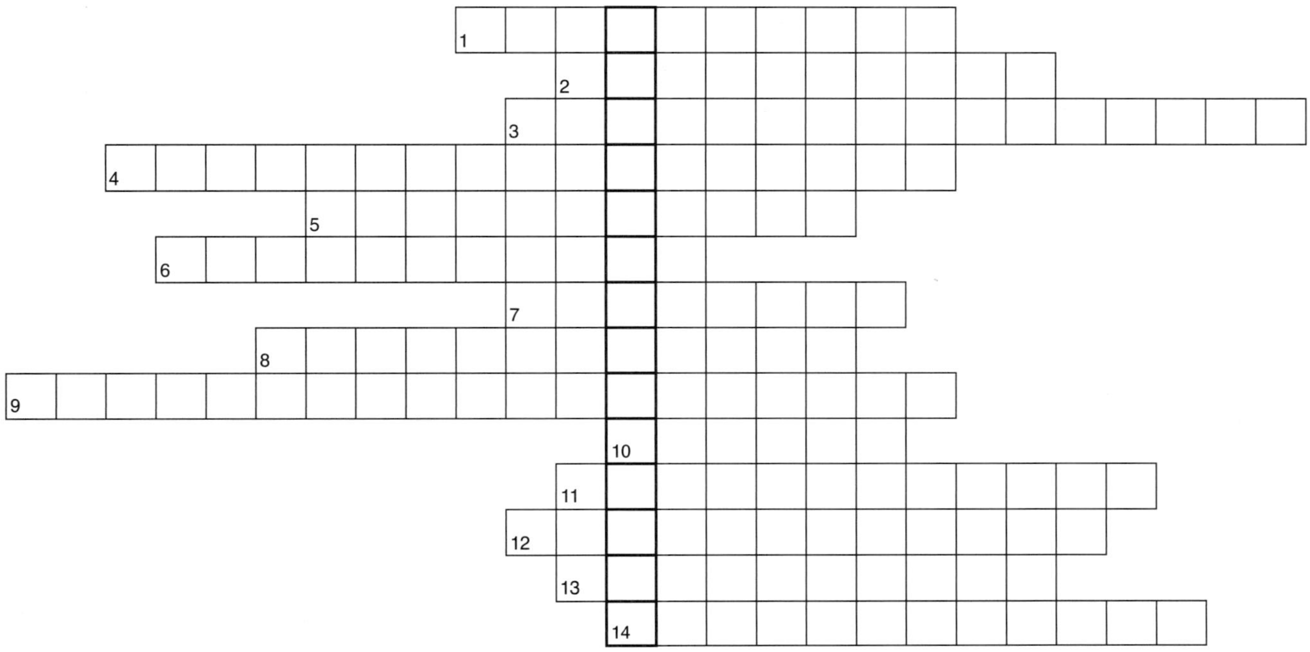

1) Wichtiges Unterrichtsfach
2) In dem Raum haben die Wände oft Fliesen.
3) Regelt die Ausbildung
4) Gehört zur Arbeitskleidung
5) Zum Kontrollieren, ob alles gerade ist
6) Werkzeug für Natursteinplatten
7) Wichtige Kompetenz
8) Soll immer zur Wand hin zeigen
9) In der Regel erwarteter Abschluss
10) Darin wird der Mörtel angerührt.
11) Dort findet der Unterricht statt.
12) Wird in das Wasser eingerührt
13) Kommt nach einem Tag zwischen die Fliesen
14) Viele verschiedene Baustellen erfordern

Fliesenleger/in – *Arbeitsblatt*

Einzelarbeit

Genauigkeit und Sorgfalt sind die wichtigsten Kompetenzen des Fliesenlegers.
Klebe die Fliesen an die Wand, und lasse eine Fuge von 0,5 cm.
Nimm ein Geodreieck oder Lineal zu Hilfe!
Gestalte die Fliesen farbig, und male die Fugen mit einem Filzstift aus.

Alle

Präsentiert und vergleicht eure Ergebnisse in der Klasse.

Den Beruf Fliesenleger/in kann ich mir

❑ gut ❑ vielleicht ❑ gar nicht vorstellen.

Fahrzeuglackierer/in – *Arbeitsblatt*

Partnerarbeit

Fülle den Lückentext aus, und vergleiche mit einem Partner.

Sorgfalt • Ausbildung • Schablone • Schleifmaschine • ausgebeult • Grundierung • neu • Spritzpistole • Atemschutzmaske • abmontiert • handwerkliches Geschick • beraten • bedienen • Unfall • freundlich • Fahrzeug • abgeklebt

Kai ist im dritten Lehrjahr in der ____________________ zum Fahrzeuglackierer. Kai berichtet aus seinem Arbeitsalltag:

„Die meisten Autos stehen in der Werkstatt, weil sie in einen ________________ verwickelt waren. Aber wenn sie hier rauskommen, sehen sie wieder aus wie ____________________. Die Arbeitsgänge sind eigentlich immer ähnlich. Zunächst werden meistens einzelne Teile ____________________. Dann wird der Lack abgeschliffen, dazu benutze ich eine ____________________. Kleine Dellen im Lack werden ________________. Dann wird als Nächstes die ____________________ aufgetragen. Die Gummiteile und alle anderen Teile des Fahrzeugs, die nicht lackiert werden, müssen ____________________ werden. Beim Grundieren und Lackieren trage ich eine ____________________, um gesundheitliche Schäden zu vermeiden. Die Grundierung und der Lack werden mit einer ____________________ aufgetragen.

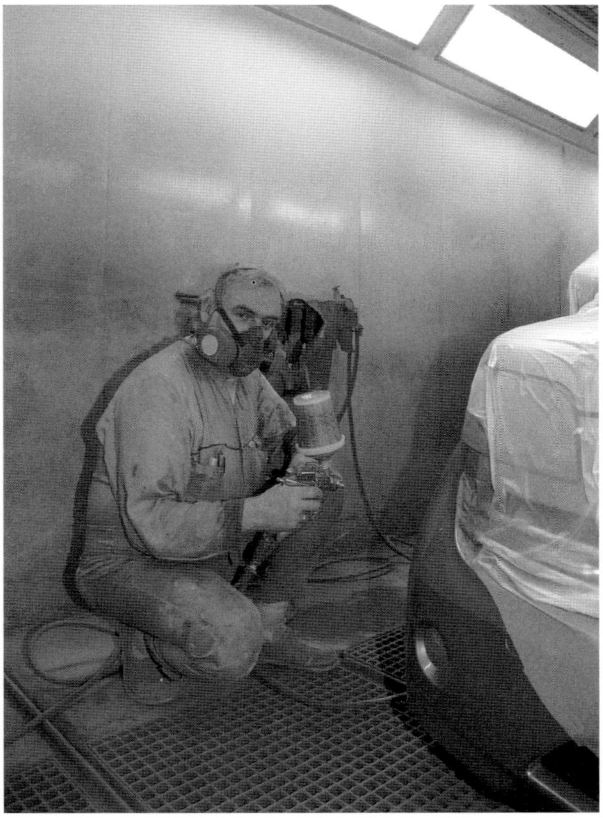

Alle Arbeiten müssen mit größter ______________________ erledigt werden. Manche Kunden wünschen einen Schriftzug oder ein Motiv auf ihrem ______________________. Dann wird zunächst eine ______________________ hergestellt. Das ist gar nicht so einfach, dazu benötigt man viel ______________________. Auch das ______________________ und ______________________ der Kunden gehören zum Job. Manche haben schon sehr verrückte Ideen, und einiges muss man ihnen wieder ausreden. Dabei muss man immer ______________________ bleiben!"

Information

Auf folgender Seite kannst du dich weiter über den Beruf des Fahrzeuglackierers informieren:

www.planet-beruf.de/Fahrzeuglackierer-in.2251.0.html?&type=99

Fahrzeuglackierer/in – *Arbeitsblatt*

Einzelarbeit

Welche Kompetenzen benötigt der Fahrzeuglackierer? Kreuze an.

- ☐ **Kreativität**
- ☐ **Genauigkeit**
- ☐ **Merkfähigkeit**
- ☐ **Handwerkliches Geschick**
- ☐ **Räumliches Vorstellungsvermögen**
- ☐ **Technisches Verständnis**
- ☐ **Körperliche Belastbarkeit**
- ☐ **Alltagssituationen erfassen**
- ☐ **Organisationsvermögen**
- ☐ **Hilfsbereitschaft**
- ☐ **Schmutzunempfindlichkeit**
- ☐ **Geruchsunempfindlichkeit**
- ☐ **Kommunikationsfähigkeit**

Gruppenarbeit

Vergleicht eure Ergebnisse.
Einigt euch auf 4 Kompetenzen,
die eurer Meinung nach am wichtigsten sind.
Schreibt diese 4 Kompetenzen auf,
und überlegt Tätigkeiten des Fahrzeuglackierers,
die zu diesen Kompetenzen passen.

Kompetenz 1: Tätigkeiten:	Kompetenz 2: Tätigkeiten:
Kompetenz 3: Tätigkeiten:	Kompetenz 4: Tätigkeiten:

Alle

Stellt eure Ergebnisse der Klasse vor.

Fahrzeuglackierer/in – *Arbeitsblatt*

Einzelarbeit

Mit viel Sorgfalt gestalten Fahrzeuglackierer Autos mit Beschriftungen und Motiven für die Schablonen hergestellt werden.
Übertrage die Vorlage auf festen Karton, und schneide sie aus.
Lege die Schablone auf weißes Tonpapier, und male sie aus.
Beim Ausmalen kann ein Partner die Schablone festhalten!

Alle

Legt die Arbeitsergebnisse auf einem Tisch aus, und bewertet gegenseitig eure Arbeiten.
Schreibt unter zwei Arbeiten von Mitschülern, was euch gefällt, oder einen Verbesserungstipp.

Den Beruf Fahrzeuglackierer/in kann ich mir

☐ gut ☐ vielleicht ☐ gar nicht vorstellen.

Kraftfahrzeugservicemechaniker/in – *Arbeitsblatt*

Nico hat seinen Traumberuf gefunden. Er macht eine 2-jährige Ausbildung zum KFZ-Servicemechaniker. Viele Arbeiten kann er inzwischen selbstständig erledigen.

Einzel-/Partnerarbeit

Lies die Textabschnitte, und nummeriere sie in der richtigen Reihenfolge.
Vergleicht eure Ergebnisse mit einem Partner,
und lest den Text in der Klasse vor.

☐

Nico fährt das Fahrzeug etwas tiefer, um bequem einen Reifen zu entfernen. Aus der Werkzeugecke besorgt er sich einen Druckluftschrauber. „Mit dem Druckluftschrauber, wir sagen auch ‚Schlagschrauber', ist das Lösen der Radmuttern ein Kinderspiel." Ohne Probleme löst Nico die Schrauben und nimmt den Reifen vom Fahrzeug ab.

☐

Nico schaut sich den TÜV-Bericht an. Er schaut im Lager nach, ob das entsprechende Ersatzteil zufällig da ist. Da es nicht im Lager ist, muss er es bestellen. Glücklicherweise wird es schon am Mittag gebracht, sodass Nico starten kann. „Ich hoffe, dass ich die Reparatur heute noch schaffe, aber wenn nichts dazwischen kommt, wird es klappen!"

© Verlag an der Ruhr | Autorin: Monika Pieper | ISBN 978-3-8346-0810-9 | www.verlagruhr.de

„So, jetzt komm ich gut an die Radaufhängung dran. Hier sieht man den Schaden am Querlenker ganz genau.“ Nico schraubt den Querlenker aus und ersetzt ihn durch einen neuen. Der Ausbilder prüft, ob Nico alles richtig gemacht hat. Dann montiert Nico den Reifen wieder an den Wagen und holt ihn von der Hebebühne runter. „Alles in Ordnung, so kommt der Wagen locker durch den TÜV, und weil alles gut geklappt hat, kann ich jetzt pünktlich Feierabend machen!“

Heute Morgen war der Gutachter vom TÜV in der Firma, um mehrere Fahrzeuge zu begutachten. Bei einem Fahrzeug wurde ein ausgeschlagener Querlenker festgestellt. Die TÜV-Plakette kann nicht vergeben werden, bevor ein neuer Querlenker eingebaut ist. „Übermorgen kommt der Gutachter vom TÜV wieder zu uns. Bis dahin muss der Wagen repariert sein.“

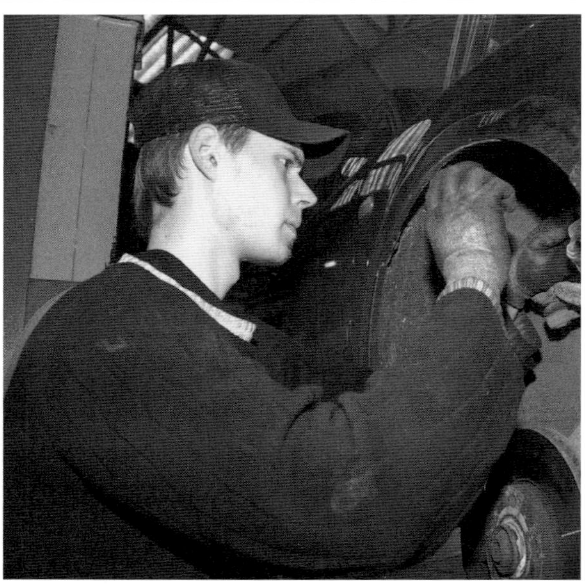

Zunächst fährt Nico den Wagen auf die Hebebühne und fährt ihn nach oben. Jetzt kann er sich den Schaden in Ruhe anschauen. Er beleuchtet mit einer Taschenlampe die Radaufhängung, zu der auch der Querlenker gehört. Nico holt seinen Ausbilder und bespricht mit ihm die einzelnen Arbeitsschritte. „Ich habe schon einmal einen Querlenker ersetzt, aber ich frage lieber nochmal nach, bevor ich was falsch mache.“

Kraftfahrzeugservicemechaniker/in – *Arbeitsblatt*

Gruppenarbeit

Überlegt und notiert, welche Kompetenzen Nico für die hier aufgeführten Tätigkeiten benötigt.

Nico hat versprochen, das Fahrzeug von Frau Böhm heute noch fertig zu machen.

___

Nico sucht im Internet nach dem Preis für ein Ersatzteil.

___

Nico schaut sich einen Plan an, wie er ein Radio einbauen soll.

___

Nico reinigt einen Wagen für den Verkauf von innen und außen.

___

Nico notiert in einem Protokoll die benötigten Ersatzteile und, wie viel Zeit er für den Einbau der Teile gebraucht hat.

___

Nico bespricht mit dem Ausbilder die nächste Reparatur. Er stellt sich den Motorraum vor und weiß, wo sich das kaputte Teil befindet.

___

Nico ist am nächsten Tag für das Öffnen der Werkstatt zuständig und hat deshalb den Werkstattschlüssel.

___

Nico hilft nach Feierabend einem Kollegen bei einer größeren Reparatur, die heute noch fertig werden muss.

___

Nico erklärt einem Kunden den Schaden an der Radaufhängung und die dadurch entstehenden Gefahren.

___

Nico räumt die Werkstatt auf, sortiert das Werkzeug und fegt die Halle.

___

Nico wechselt den ganzen Tag Reifen und es gibt viele Anmeldungen für Reparaturen. Er kommt nicht dazu, Pause zu machen oder sich mal hinzusetzen.

___

Nico baut ein Navigationsgerät in ein Fahrzeug ein.

___

Alle

Konntet ihr herausfinden, welche Kompetenzen für die einzelnen Tätigkeiten benötigt werden? Vergleicht und diskutiert eure Ergebnisse in der Klasse!

Information

Schau dir den Beruf Kraftfahrzeugservicemechaniker/in auch bei *www.planet-beruf.de* und bei BERUFENET an.

Kraftfahrzeugservicemechaniker/in – *Arbeitsblatt*

Eine wichtige Kompetenz für den Beruf des Kraftfahrzeugservicemechanikers ist ein gutes räumliches Vorstellungsvermögen.

Einzelarbeit

Übertrage die Zeichnung gespiegelt auf die andere Seite.

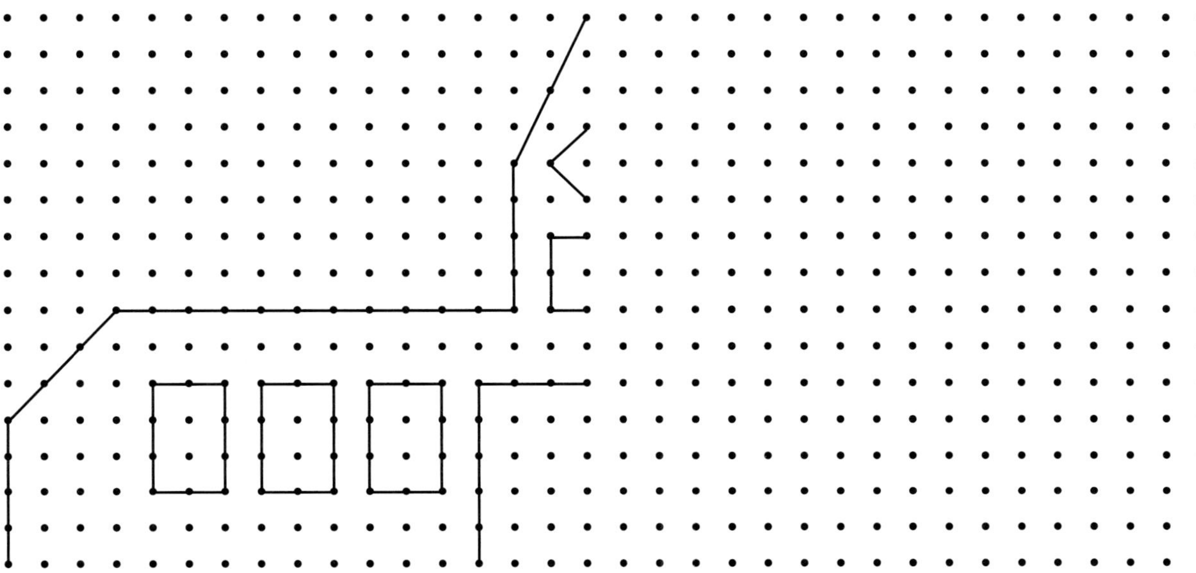

Alle

Legt die Arbeitsergebnisse auf einem Tisch aus,
und bewertet gegenseitig eure Arbeiten.
Schreibt unter zwei Arbeiten von Mitschülern,
was euch gefällt, oder einen Verbesserungstipp.

Gefällt mir:	Tipp:

Den Beruf Kraftfahrzeugservicemechaniker/in kann ich mir

☐ gut ☐ vielleicht ☐ gar nicht vorstellen.

Fahrradmonteur/in – *Infoseite*

Marius macht eine Ausbildung zum Fahrradmonteur. Er muss Wochenberichte schreiben, die von seinem Ausbilder unterschrieben werden.

Einzelarbeit

Lies den Wochenbericht: Welche Tätigkeiten führt Marius jeden Tag aus, welche nur gelegentlich?

Name, Vorname: Konzala, Marius
(Ausbildungs-)Betrieb: Fahrrad König

Tag	Ausgeführte Arbeiten, Unterricht usw.
Montag	Fahrräder vor den Laden gestellt, Reparaturaufträge entgegengenommen, neuen Sattel montiert, beim Radwechsel geholfen, im Laden beim Verkauf geholfen, Fahrräder geputzt, Werkstatt aufgeräumt und gefegt
Dienstag	Fahrräder vor den Laden gestellt, in der Werkstatt geholfen: Kettenschaltung eingestellt, Felge zentriert; im Laden beim Verkauf geholfen, Werkstatt aufgeräumt und gefegt
Mittwoch	Fahrräder vor den Laden gestellt, Fahrrad mit Gepäckträger nachgerüstet, Fahrradcheck für einen Kunden, beim Montieren eines Fahrrads geholfen, Rad ausgebaut, Werkstatt aufgeräumt und gefegt
Donnerstag	Berufsschule: Deutsch, Mathe, Wirtschafts- und Sozialkunde Warten und Pflegen von Fahrzeugen, Demontieren, Instandsetzen und Montieren von fahrzeugtechnischen Baugruppen oder Systemen
Freitag	Fahrräder vor den Laden gestellt, beim Fahrradcheck geholfen, Fahrräder geputzt, ein Pedal ersetzt, Lenker entfernt und neuen montiert, Kette gespannt, ein Pedal ersetzt, Werkstatt aufgeräumt und gefegt

Fahrradmonteur/in – *Arbeitsblatt*

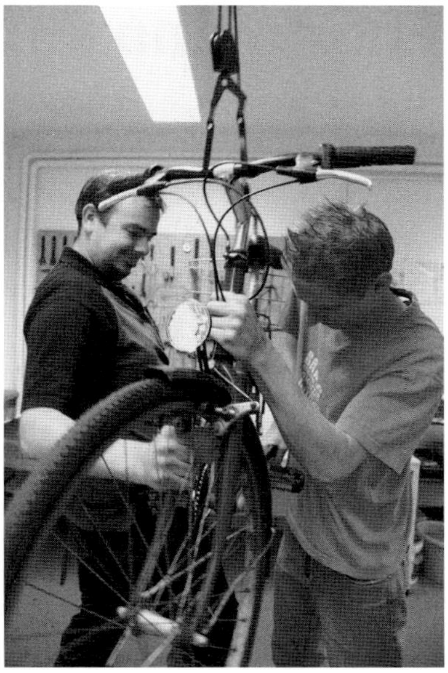

Stellt euch vor, ihr besitzt einen Fahrradladen mit einer Werkstatt und sucht einen Auszubildenden. Der Lehrling soll in der Werkstatt mitarbeiten und auch im Geschäft beim Verkauf helfen.

Einzelarbeit

Überlegt:

- Welche Eigenschaften soll der Auszubildende mitbringen?
- Was soll er können?

____

____

____

____

____

____

Gruppenarbeit

Vergleicht und diskutiert eure Ergebnisse.
Schreibt eine Stellenanzeige, in der ihr einen Auszubildenden mit den gewünschten Eigenschaften sucht.

Information

Schaut auch im Internet unter:

www.planet-beruf.de/Fahrrad-monteur-in.2249.0.html?&type=16

Dort findet ihr weitere Infos zu diesem Beruf.

Alle

Präsentiert eure Stellenanzeigen in der Klasse:
Welche Anzeigen sind gut, welche sind weniger gut gelungen? Begründet.

Fahrradmonteur/in – *Arbeitsblatt*

Marius soll selbstständig einen Schlauch flicken.
Er bekommt eine genaue Anleitung.

Partnerarbeit

Nummeriert die Arbeitsschritte in der richtigen Reihenfolge.

- ☐ Halte den aufgepumpten Schlauch in einen Wassereimer. Wenn Luftblasen aufsteigen, hast du das Loch gefunden.
- ☐ Löse als Erstes die Bremsen.
- ☐ Suche als Nächstes den Reifenmantel nach Stacheln, Nadeln oder Nägel ab, die vielleicht das Loch verursacht haben. Entferne diese.
- ☐ Stelle dann das Fahrrad auf den Kopf.
- ☐ Jetzt kannst du den Mantel mit dem Reifenabzieher lösen und den Schlauch von der Felge ziehen.
- ☐ Pumpe den Schlauch auf.
- ☐ Bevor du den Schlauch nun entnehmen kannst, musst du das Ventil lösen.
- ☐ Markiere das Loch mit einem Filzstift.
- ☐ Teste mit Hilfe des Wassereimers, ob der Schlauch nun dicht ist.
- ☐ Schmiere Klebepaste auf die angeschmirgelte Stelle.
- ☐ Klebe den Flicken auf die eingeschmierte Stelle, und drücke ihn etwa 2 Minuten lang fest.
- ☐ Raue die markierte Stelle großzügig mit Schmirgelpapier auf, damit später der Flicken besser hält.
- ☐ Montiere wieder den Reifenmantel: Stecke zuerst das Ventil durch das Loch, dann kannst du den Schlauch in den Mantel und dann in die Felge drücken.
- ☐ Hänge zum Schluss die Bremse wieder ein.
- ☐ Pumpe jetzt den Reifen auf, und schraube ihn wieder fest.

Alle

Vergleicht eure Ergebnisse, und schreibt die Anleitung in euer Heft.

Den Beruf Fahrradmonteur/in kann ich mir

☐ gut ☐ vielleicht ☐ gar nicht vorstellen.

Tankwart/in – *Infoseite*

Marcel und Christoph machen eine Ausbildung zum Tankwart. Christoph ist 17 Jahre und im ersten Lehrjahr, Marcel ist 20 Jahre und mit der Ausbildung bald fertig.

Christoph: „Am ersten Tag ist mir ein Unglück passiert: Ich habe mich vertan und statt Dieselbenzin Super in den Tank eines Kunden gefüllt. Als er losfahren wollte, habe ich es noch gemerkt. Das Benzin musste abgesaugt und der Tank von innen gereinigt werden. Mensch, das war mir vielleicht peinlich! Jetzt ist Tanken für mich Routine. Es gibt ältere Kunden, die nicht mehr so gut laufen können. Die kommen nur, wenn ich da bin. Ich tanke dann den Wagen und gehe auch zur Kasse und bezahle, sodass sie gar nicht aussteigen müssen. Mir macht es Spaß, jemandem helfen zu können. Manchmal ist hier richtig was los. Letzte Woche hat ein Kunde vergessen, den Tankschlauch aus dem Tank zu nehmen, und ist einfach losgefahren. Manche Kunden wissen auch nicht, auf welcher Seite ihr Tankdeckel ist, da muss ich schon mal lachen, wenn ich sehe, wie einige sich so anstellen."

Marcel: „An der Luft- und Wasserinsel brauchen viele Kunden unsere Hilfe. Hier prüfe ich gerade den Reifendruck. Man muss gut aufpassen und vorsichtig mit den Fahrzeugen umgehen. Einige Kunden, vor allem die mit den super teuren Autos, sind da ganz schön pingelig. Am wichtigsten in meinem Beruf ist Freundlichkeit, der Kunde ist König! Ich bin gerne den ganzen Tag mit anderen Menschen zusammen, und die meisten Kunden sind auch zu uns freundlich. Klar, es gibt auch andere, aber das sind nur ganz wenige."

Christoph: „Wie ihr seht, ist Putzen auch ein Teil unseres Jobs. Scheiben sauber machen gehört zum Service, aber es geht schon morgens los. Um 8 Uhr werden mit der Kehrmaschine das Gelände und der Bürgersteig gereinigt. Abwechselnd sind wir dafür zuständig, die Waschanlage sauber zu halten und zu kontrollieren, ob dort alles gut läuft. Auch die Werkstatt muss in Ordnung gehalten werden. Das ist alles nicht schlimm, nur das Reinigen der Toiletten ist blöd, muss aber auch sein."

Tankwart/in – *Infoseite*

Marcel: „Öl und Wischwasser nachschauen gehört ebenfalls zum Service. Die Servicezeit geht bei uns von 9 bis 19 Uhr, nur am Wochenende ist von uns Lehrlingen keiner da. So gut ich den Service auch finde, arbeite ich doch am liebsten in der Werkstatt. Da werden alle möglichen Reparaturen ausgeführt. Gestern habe ich mit einem Kollegen eine Bremsscheibe gewechselt. Im Frühjahr und im Herbst wird es immer hektisch, weil alle Leute ihre Reifen gewechselt haben wollen. Das kann ich schon alleine erledigen."

Christoph: „Manchmal darf ich jetzt auch schon mal an der Kasse helfen. Da bin ich immer noch etwas nervös, weil das gar nicht so einfach ist mit den ganzen Kreditkarten. Gut, dass man selber nicht rechnen muss, das macht alles die Kasse. Die Berufsschule ist nicht schwer. Dort werden erst noch mal die Grundrechenarten wiederholt. Wir sind 20 Schüler in der Klasse, aber wir haben nur 2 Mädchen. Ich weiß gar nicht, warum. Tankwart ist ein super Job, und man muss nichts können, was einem Mädchen vielleicht schwer fällt.
Die Tankstelle ist ein richtiger kleiner Laden, also müssen auch Regale aufgefüllt und Kunden bedient werden. Das hat schon viel vom Beruf des Verkäufers. Bei uns gibt es auch frische Brötchen aus dem Ofen, das heißt, Brötchen backen gehört auch noch zum Job."

Einzelarbeit

Welche Kompetenz ist für den Tankwart am wichtigsten?

____

____

Markiere im Text alle Arbeiten, die Marcel und Christoph in der Ausbildung ausführen, und schreibe sie auf.

▶ __________	▶ __________	▶ __________
▶ __________	▶ __________	▶ __________
▶ __________	▶ __________	▶ __________
▶ __________	▶ __________	▶ __________
▶ __________	▶ __________	▶ __________

Tankwart/in – *Arbeitsblatt*

Gruppenarbeit

Informiert euch im Internet über den Beruf des Tankwarts:
www.planet-beruf.de/Tankwart-in.2772.0.html?&type=20
Beantwortet folgende Fragen:

Wie lange dauert die Ausbildung?

____

Wo wird gearbeitet?

____

Wie viel Geld verdient man?

1. Lehrjahr ______________________________

2. Lehrjahr ______________________________

3. Lehrjahr ______________________________

Wichtige Schulfächer:

1. ______________ **Begründung** ______________________________

2. ______________ **Begründung** ______________________________

Welcher Schulabschluss wird erwartet?

____

Alle

Stellt den Beruf Tankwart/in in der Klasse vor.

Den Beruf Tankwart/in kann ich mir

☐ gut ☐ vielleicht ☐ gar nicht vorstellen.

Beikoch/Beiköchin – *Infoseite*

Gina und Clarissa arbeiten gerne in der Küche. Mittwochs wird für das Schülercafé gekocht. Das ist immer der beste Schultag. Heute gibt es Chili con Carne, 60 Portionen sind bestellt. Alles muss ganz schnell gehen, damit der Zeitplan eingehalten wird. Wenn es zur Pause klingelt, muss das Essen fertig sein.

Gina: „Zuerst werden die Paprika und die Zwiebeln geschnitten. Dabei helfen alle mit. Ich arbeite gerne im Team. Das Zwiebelschneiden macht mir nichts aus, auch wenn es mal in den Augen brennt. Die Arbeit muss von allen zügig erledigt werden."

Clarissa schneidet die Paprika in kleine Stücke. Sie will demnächst mal ein Praktikum in einer Großküche machen. „Da ist es bestimmt noch viel stressiger, aber bestimmt nicht langweilig! Die Ausbildung zur Beiköchin dauert 2 Jahre, und wenn man gut klar kommt, kann man noch ein Jahr weiterlernen und Köchin werden. Das kann ich mir gut vorstellen.
Während ich noch Paprika schneide, wird schon das Öl in der Pfanne erhitzt. Da muss man gut aufpassen, dass die Pfanne nicht zu heiß wird."

Die Paprika und die Zwiebeln sind jetzt geschnitten und werden mit dem Rinderhack angebraten. „Wir nehmen kein Schweinefleisch, weil es bei uns auch Schüler gibt, die kein Schweinefleisch essen. Da nehmen wir natürlich Rücksicht."
Jetzt müssen 8 Pfannen beaufsichtigt werden. Dabei darf man sich nicht ablenken lassen. Das Braten und Brutzeln macht mir am meisten Spaß."

Die Dosen mit Bohnen, Mais und Tomaten werden geöffnet und der Inhalt schon einmal in eine große Wanne gekippt. Das fertig gebratene Rinderhack wird mit allen anderen Zutaten vermischt.

Gina: „Das sieht nicht sehr appetitlich aus, aber bei den Mengen geht es nicht anders. Jetzt muss das Ganze noch gewürzt werden, aber vorsichtig! Mit dem Chilipulver und dem Sambal Olek sollte man sehr sparsam sein, sonst wird es zu scharf und ungenießbar. Wenn wir hier schon eine ganze Wanne voll haben, wie ist das wohl erst in einem Krankenhaus oder Altenheim, wo ein paar hundert Leute versorgt werden müssen? Da würde ich gerne mal mitarbeiten!"

Jetzt wird das Chili auf mehrere Töpfe verteilt und erhitzt. „Gleich klingelt es zur Pause, dann geht der Stress erst richtig los. Alle kommen auf einmal, und jeder will der Erste sein. Das Chili muss auf Suppenschalen verteilt werden. Eine Serviette und ein Löffel werden dazugegeben, das ist genau eingeteilt. Clarissa nimmt das Geld an und streicht die Abholer von der Bestellliste. Einige müssen auf die Schuldenliste geschrieben werden, wenn sie ihr Geld vergessen haben. Das passiert halt immer mal. Eine Portion kostet immer 1 €. Da kann man nicht meckern, und schmecken tut es eigentlich immer gut."

„Nach der Essensausgabe wird es ruhiger. Jetzt wird gespült. Da kommen viele Töpfe und Pfannen zusammen. Oft haben wir dabei den meisten Spaß. Einige kommen jetzt noch mal zur Küche und fragen, ob noch ein Rest da ist. Das ist das beste Zeichen dafür, dass wir gut gekocht haben und es geschmeckt hat. Schön finde ich, wenn am Ende die Küche wieder sauber und alles ordentlich aufgeräumt ist. Dann freu ich mich schon auf die nächste Woche.

Partnerarbeit

Was sind die Tätigkeiten einer Beiköchin?

____

____

____

____

Gina und Clarissa denken über eine Ausbildung zur Beiköchin nach.
Welche Eigenschaften brauchen sie eurer Meinung nach dafür?

____

____

____

____

____

____

Beikoch/Beiköchin – *Arbeitsblatt*

Gruppenarbeit

Schreibt die Wörter aus der Wörtersuppe auf einen Zettel.
Jeder übernimmt einen Bereich: **Tätigkeiten**, **Speisen**, **Arbeitsorte**, **Geräte**.
Vergleicht und ergänzt dann eure Ergebnisse. Erstellt gemeinsam eine Tabelle.

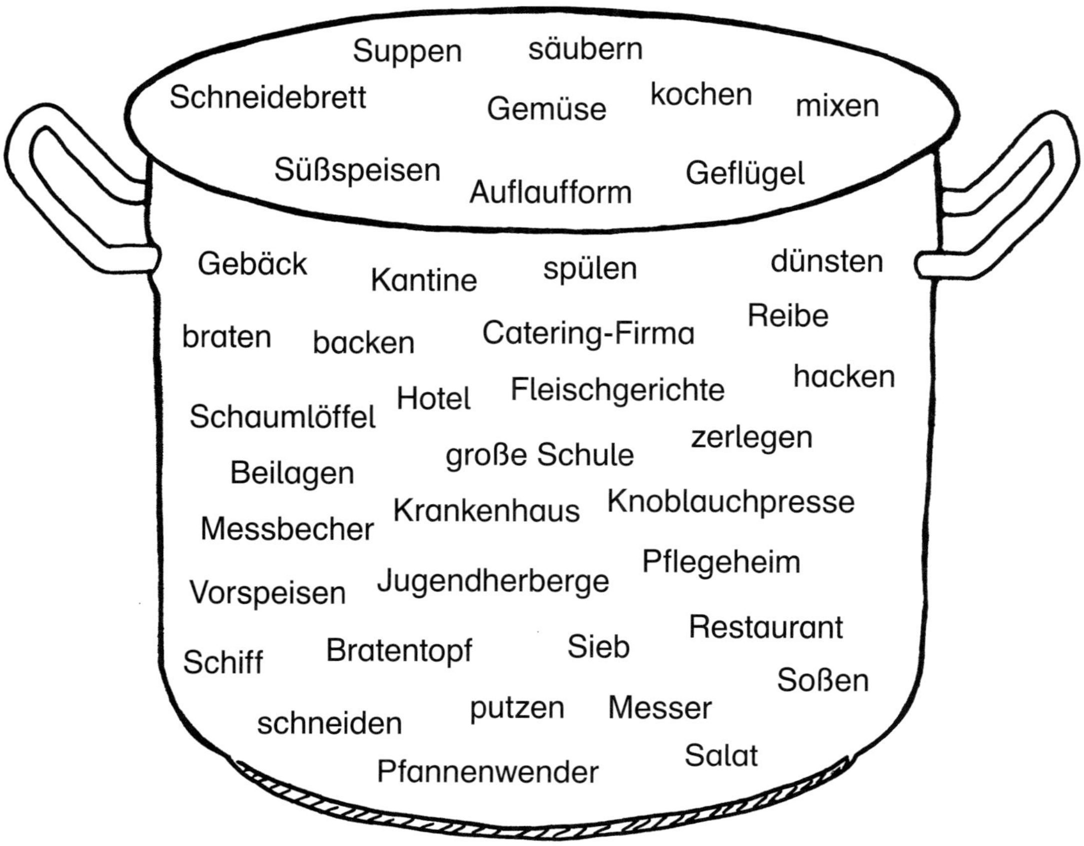

Information

Unter *www.planet-beruf.de* findest du Informationen zum Beruf Koch/Köchin.

Unter *http://berufenet.arbeitsagentur.de* findest du weitere Informationen zum Beruf des Beikochs/der Beiköchin. Du musst in das Suchfeld Beikoch eingeben

Den Beruf Beikoch/Beiköchin kann ich mir

☐ gut ☐ vielleicht ☐ gar nicht vorstellen.

Fachverkäufer/in im Lebensmittelhandwerk (Fleischerei) – *Infoseite*

Heute steht für Svenjas Klasse eine Betriebserkundung auf dem Programm. Sie besuchen die Fleischerei Hirsch. Frau Hirsch ist für den Verkauf verantwortlich und beantwortet die Fragen der Schüler.

Svenja: „Was ist die wichtigste Voraussetzung, um hier Verkäuferin zu werden?“

Frau Hirsch: „Das Wichtigste ist der gute Kontakt zu den Kunden. Wir haben fast ausschließlich Stammkunden, und die erwarten, dass man sie namentlich kennt und ihre Wünsche schon vorausahnt. Daneben sollte die Fleischereifachverkäuferin sehr sauber und ordentlich sein, da Fleisch eine leicht verderbliche Ware ist und deshalb die Hygiene sehr wichtig ist. Die Fleischtheke muss immer appetitlich und ansprechend aussehen.“

Igor: „Muss man die Wurstsorten denn alle kennen?“

Frau Hirsch: „Ja, das muss man allerdings. Die Kunden möchten wissen, aus welchen Zutaten sie hergestellt sind und welche Gewürze verwendet werden. Wir führen 10 verschiedene Sorten Salami, und alle schmecken etwas anders und sind aus unterschiedlichem Fleisch hergestellt. Manche Kunden essen nur Geflügelfleisch, deshalb führen wir auch Truthahnsalami. Das ist schon etwas Besonderes.“

Carola: „In welchen Schulfächern sollte man gut sein?“

Frau Hirsch: „In Mathe sollte man schon fit sein. Dreisatz sollte kein Fremdwort sein, und mit Gewichten muss man rechnen können. Das Gespür für ein Gewicht ist dann eine Sache der Erfahrung. Nach ein paar Wochen weiß man genau, wie viel Gehacktes 1 kg ist und wie viele Scheiben Salami 200 g ergeben. Den Rest macht dann die Kasse mit integrierter Waage, sodass man den Preis nicht mehr selber ausrechnen muss.“

Tim: „Wie viele Fleischsorten haben Sie im Laden?“

Frau Hirsch: „In erster Linie verkaufen wir Schweine- und Rindfleisch, dazu kommt noch Geflügel, also Hähnchen oder Putenfleisch. Alles andere, wie z.B. Lammfleisch oder Kängurufleisch, gibt es dann zum Wochenende oder auf Bestellung. Die Verkäuferin sollte auch immer das eine oder andere Rezept zur Hand haben und den Kunden Tipps zur Verarbeitung des Fleisches geben können."

Hajar: „Wie sind die Arbeitszeiten?"

Frau Hirsch: „Wir arbeiten 40 Stunden in der Woche. Das Geschäft hat auch samstags auf, dafür hat man dann in der Woche einen Tag frei. Die meisten Fleischereien bieten inzwischen auch einen Catering-Service an. Und da viele Feiern am Wochenende stattfinden, wird häufig auch am Samstag oder Sonntag gearbeitet."

Mareike: „Catering hört sich spannend an! Was bereiten Sie denn da zu?"

Frau Hirsch: „Eigentlich alles, was gewünscht wird. Von kalten Wurstplatten über belegte Brötchen, gebratene Schnitzel und Frikadellen bis hin zu Kartoffelgratin und Gemüseauflauf. Das ist inzwischen eine wichtige Einnahmequelle. Daher ist die Bereitschaft, am Wochenende zu arbeiten, eine Voraussetzung für einen Ausbildungsplatz. Man sollte außerdem ein Händchen für das Anrichten und Dekorieren von Speisen und Platten haben."

Einzelarbeit

Welche Fleisch- und Wurstsorten kennst du?

Fleisch	Wurst

Fachverkäufer/in im Lebensmittelhandwerk (Fleischerei) – *Arbeitsblatt*

Gruppenarbeit

Jeder notiert 5 Fragen zum Text und lässt sie von einem anderen Gruppenmitglied beantworten. Stellt eure Fragen und Antworten dann in der Klasse vor.

Frage: ______________________________

Antwort: ______________________________

Frage: ______________________________

Antwort: ______________________________

Frage: ______________________________

Antwort: ______________________________

Frage: ______________________________

Antwort: ______________________________

Habt ihr schon einmal eine Wurstplatte oder Platte mit belegten Brötchen zubereitet und dekoriert? Welche Lebensmittel eignen sich zum Dekorieren?

Den Beruf Fleischfachverkäufer/in kann ich mir

☐ gut ☐ vielleicht ☐ gar nicht vorstellen.

Fleischer/in – *Infoseite*

Während Frau Hirsch sich um den Laden und den Verkauf kümmert, ist Herr Hirsch als Fleischer für das Fleisch und die Herstellung der Wurst zuständig.

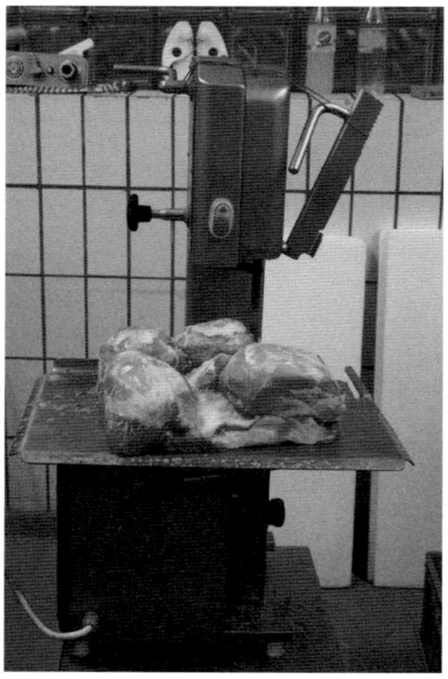

Herr Hirsch: „Wenn meine Frau noch schläft, fahre ich zum Schlachthof und kaufe Fleisch. Mein Azubi Marc ist meistens dabei."

Marc: „Man kann abends nicht feiern gehen, wenn man um 4 Uhr fit beim Schlachthof sein muss. Dort schauen wir uns das Fleisch an und kaufen, was wir brauchen. In der Fleischerei wird das Fleisch dann zerlegt. Wir schneiden schöne Schnitzel und Gulasch aus dem Schweinefleisch. Dann wird auch entschieden, welche Fleischteile wir für Gehacktes, Bratwurst oder Fleischwurst verwenden, denn einige Wurstsorten stellen wir noch selbst her."

Herr Hirsch: „Wenn ihr eine Ausbildung zum Fleischer machen wollt, müsst ihr Frühaufsteher sein. Ihr hättet gute Chancen, denn Fleischer werden gesucht! Vor der Ausbildung müsst ihr keine Sorgen haben, das ist gar nicht so schwer. Zuverlässig und pünktlich solltet ihr sein, alles andere könnt ihr lernen. Man braucht keine besonderen Fähigkeiten. Früher, als noch vieles von Hand gemacht wurde, musste man sehr kräftig sein. Heute hat man für fast alles Maschinen. Wir haben auch schon ein Mädchen ausgebildet, das ist kein Problem."

Marc: „Mit dieser Maschine kann man das Fleisch zerlegen. Ihr könnt es gerne mal ausprobieren. Ihr merkt, dass es hier nicht warm ist. Fleisch muss immer kühl gelagert werden, damit es nicht so schnell verdirbt. Ihr solltet also nicht kälteempfindlich sein, wenn ihr euch für diese Ausbildung interessiert. Außerdem solltet ihr ein sehr sauberer Typ sein, dem es nichts ausmacht, sich ständig die Hände zu waschen. Hygiene ist in der Fleisch- und Wurstverarbeitung sehr wichtig, damit keine Keime das Fleisch verderben und die Kunden krank davon werden."

Herr Hirsch: „In dieser Maschine wird das Fleisch zerkleinert, bevor es zu Fleischwurst oder Bratwurst verarbeitet wird. Wir sind für unsere gute Fleischwurst bekannt. Wenn es die am Mittwoch noch lauwarm gibt, ist der Laden voll. Auch unsere selbstgemachte Bratwurst und der warme Fleischkäse kommen bei den Kunden sehr gut an. Heute legen wir noch Rindfleisch in Essig mit Zwiebeln und Gewürzen ein, denn am Wochenende haben wir Sauerbraten im Angebot. Die vielen Fleischsorten und Teile verwirren euch bestimmt, aber diese zu unterscheiden, lernt ihr schon im ersten Ausbildungsjahr am Berufskolleg.
Wenn ihr Fleischer werden wollt, solltet ihr gut rechnen können. Wenn ihr z.B. Fleischwurst herstellen wollt, müsst ihr die Gewürze für die entsprechende Fleischmenge berechnen und dann exakt abmessen."

Partner-/Gruppenarbeit

Was spricht eurer Meinung nach für den Beruf des Fleischers, welche Argumente sprechen dagegen?

Argumente dafür …	Argumente dagegen …

Fleischer/in – *Arbeitsblatt*

Gruppenarbeit

Schaut euch bei planet-beruf.de den Film zum Fleischer an, und lest den BERUFENET-Steckbrief.

Gebt Beispiele für die Tätigkeiten eines Fleischers.

____

____

Wie lange dauert die Ausbildung?

____

Wo wird gearbeitet?

____

Wie viel Geld verdient man?

1. Lehrjahr ______________________________

2. Lehrjahr ______________________________

3. Lehrjahr ______________________________

Worauf kommt es an?

______________________________ und ______________________________

Wichtige Schulfächer:

1. ____________________ **Begründung** ______________________________

2. ____________________ **Begründung** ______________________________

Welcher Schulabschluss wird erwartet?

____

Alle

Stellt den Beruf Fleischer/in in der Klasse vor.

Den Beruf Fleischer/in kann ich mir

☐ gut ☐ vielleicht ☐ gar nicht vorstellen.

Fachverkäufer/in im Lebensmittelhandwerk (Bäckerei) – *Infoseite*

Melanie ist mit ihrer Ausbildung zur Bäckereifachverkäuferin fast fertig.
Sie hat die Aufgabe übernommen, sich um Huda, die neue Praktikantin, zu kümmern.
Am ersten Tag zeigt sie Huda alle anfallenden Arbeiten.

- ▶ Morgens wird der Backofen angemacht.
- ▶ Die Brötchen-Rohlinge werden in den Ofen geschoben.
- ▶ Die Kaffeemaschine wird vorbereitet, weil schon bald die ersten Kunden zum Frühstücken kommen.
- ▶ Brötchen werden geschmiert und mit unterschiedlichen Aufschnitten belegt.
- ▶ Die Aufschnittbehälter werden mit Wurst und Käse nachgefüllt.
- ▶ Gurken und Tomaten werden in Scheiben geschnitten.
- ▶ Die Brötchen werden aus dem heißen Ofen geholt.
- ▶ Die Kunden werden freundlich bedient.
- ▶ Der Kaffee wird in Tassen eingeschenkt.
- ▶ Die Bistrotische werden abgeräumt und abgewischt.
- ▶ Die Brötchen für die Kunden werden in die Tüte gefüllt.
- ▶ Die Theke wird mit einem feuchten Tuch abgewischt.
- ▶ Den Kunden werden verschiedene Brotsorten angeboten.
- ▶ Die Spülmaschine wird ordentlich eingeräumt.
- ▶ Die Brötchenkrümel werden regelmäßig weggefegt.
- ▶ Die Kunden werden über die verschiedenen Brötchensorten informiert.
- ▶ Die Spülmaschine wird ausgeräumt.
- ▶ Die Theke wird aufgeräumt und gereinigt.
- ▶ Der Laden wird gewischt, und die Tür wird abgeschlossen.

Nach wenigen Tagen kann Huda die Arbeiten in der Bäckerei auch ausführen.
Sie schreibt einen Bericht in ihrer Praktikumsmappe.

Einzelarbeit

Schreibe aus Hudas Sicht auf, welche Arbeiten sie ausgeführt hat.

1. *Ich machte morgens den Backofen an.*

Information

Informiere dich im Internet über den Beruf der Bäckereifachverkäufer/in:

www.planet-beruf.de/Fachverkaeufer-in.1820.0.html?&type=16

Fachverkäufer/in im Lebensmittelhandwerk (Bäckerei) – *Arbeitsblatt*

Das Wichtigste in diesem Beruf ist die Kundenorientierung.
Kontaktfähigkeit und Kommunikationsfreude sind unverzichtbar.

Gruppenarbeit

Überlegt euch ein Gespräch, welches in einer Bäckerei stattfinden könnte.
Diese Satzbausteine können euch dabei helfen!

„Danke."	„Aus reinem Roggenmehl."
„Bitte."	„Schönen Tag."
„Sonst noch etwas?"	„Guten Tag."
„Was kostet ...?"	„Auf Wiedersehen."
„Die sind im Angebot."	„Der Kuchen ist für Diabetiker geeignet."
„Soll ich es aufschneiden?"	„Bekommen wir in einer Stunde geliefert."
„Haben Sie das Geld passend?"	„Ich kann es Ihnen in Scheiben schneiden."
„Sind leider nicht mehr da."	

Alle

Stellt eure Gespräche in der Klasse vor.

Fachverkäufer/in im Lebensmittelhandwerk (Bäckerei) – *Arbeitsblatt*

In der Bäckerei werden auch fertig belegte Brötchen angeboten.
Dabei müssen immer wieder neue Kreationen für die Kunden entwickelt werden.
Die beste Kreation wird zum „Brötchen des Monats" gewählt.

Partnerarbeit

Überlegt euch eine interessante Variante eines belegten Brötchens, von dem ihr glaubt, es könnte der neue Verkaufsschlager werden:

- ▶ Welche Brötchensorte soll es sein?
- ▶ Mit welchen Zutaten soll das Brötchen belegt sein?
- ▶ Wie nennt ihr eure Kreation?

Alle

Stellt eure Kreationen in der Klasse vor:
Welches Brötchen wird das „Brötchen des Monats"?

Den Beruf Bäckereifachverkäufer/in kann ich mir

❑ gut ❑ vielleicht ❑ gar nicht vorstellen.

Hauswirtschafter/in und Hauswirtschaftshelfer/in – *Infoseite*

Katharina bereitet sich in einer berufsvorbereitenden Bildungsmaßnahme (BvB) der Agentur für Arbeit auf eine Ausbildung zur Hauswirtschaftshelferin vor.

Hauptaufgabe der Hauswirtschaftshelferin ist die Betreuung und Versorgung von Menschen. In der Ausbildung lerne ich, wie man einen Haushalt perfekt führt. Hier ist aber nicht der kleine Familienhaushalt gemeint, sondern der Haushalt eines Altenheimes, eines Kindergartens oder einer Jugendherberge. Dazu gehört vor allem eine gesunde und abwechslungsreiche Ernährung. Kleine Kinder haben andere Bedürfnisse als Jugendliche oder ältere Menschen. Ich werde mich selbstständig um den Einkauf und die Lagerung der Lebensmittel kümmern. Speisepläne werden erstellt und die Gerichte danach zubereitet. Die Speisen werden außerdem nett angerichtet und serviert. Dafür braucht es einige mathematische Grundkenntnisse. Prozentrechnen und Dreisatz solltet ihr beherrschen.

Zur Haushaltsführung gehört auch die Raumpflege. In einer Jugendherberge werden nach jedem Gruppenwechsel die Räume gereinigt, die Betten neu bezogen und die Bettwäsche gewaschen. Auch Handtücher müssen gereinigt werden. Wenn man in einem Altenheim arbeitet, muss die Kleidung der Bewohner gewaschen werden. Zur Versorgung gehört aber auch die Bereitschaft, den Menschen zuzuhören und auf ihre persönlichen Bedürfnisse einzugehen. Man muss kontaktfreudig sein und Situationen schnell einordnen können, um entsprechend zu reagieren. Das gilt besonders in einem Pflegeheim.

Den Beruf der Hauswirtschaftshelferin, oder des -helfers – echt, Jungen gibt's bei uns auch – kannst du in einer 2- bis 3-jährigen schulischen Ausbildung an einer Fachschule erlernen. Da man in der Ausbildung nur während der Praktika in einem Betrieb arbeitet, bekommt man keine Ausbildungsvergütung, also kein Geld. Um sofort Geld zu verdienen, musst du die duale Ausbildung zur Hauswirtschafterin machen, also im Betrieb plus Berufsschule. Die duale Ausbildung ist aber auch viel schwerer. Hier kannst du dich weiter informieren: *www.planet-beruf.de/Hauswirtschafter-in.2302.0.html*

Einzel-/Partnerarbeit

Schreibt 5 Fragen zu dem Text auf einen Zettel. Gebt die Fragen im Uhrzeigersinn weiter. Beantwortet die Fragen, die euer Mitschüler aufgeschrieben hat.

Hauswirtschafter/in und Hauswirtschaftshelfer/in – *Arbeitsblatt*

Einzelarbeit

In dem Wortsuchfeld findest du Tätigkeiten und wichtige Kompetenzen der Hauswirtschaftshelferin.
Die Wörter können senkrecht und waagerecht versteckt sein.
Markiere sie, und trage sie in das richtige Kästchen ein.

O	W	W	Q	E	I	R	T	Z	P	Ü	H	A	K	S	D	F	I	K
R	E	S	D	G	H	F	G	H	J	K	I	Y	R	K	C	J	N	O
G	T	P	U	T	Z	E	N	Z	U	L	L	E	I	O	F	Ö	B	M
A	I	N	O	H	Ä	Y	Z	M	X	C	F	V	T	C	N	M	U	M
N	P	L	A	G	E	R	N	Y	X	E	S	V	I	H	N	W	A	U
I	Ü	F	A	A	S	D	F	G	H	J	B	K	L	E	Ö	A	Z	N
S	E	R	V	I	E	R	E	N	T	Z	E	C	F	N	F	S	T	I
A	I	K	O	L	P	M	N	B	O	P	R	C	Ä	V	A	C	L	K
T	Ä	Y	X	E	I	N	K	A	U	F	E	N	H	C	F	H	S	A
I	F	O	G	I	U	Z	H	R	J	E	I	Q	I	B	J	E	G	T
O	N	S	A	U	B	E	R	K	E	I	T	M	Q	W	E	N	R	I
N	W	E	L	R	Ü	Z	U	I	Ö	K	S	T	K	K	I	T	R	O
S	A	Q	Ä	E	G	U	O	P	T	Y	C	G	E	D	E	Z	P	N
F	U	I	O	P	E	Ü	A	S	D	E	H	F	G	H	J	K	G	S
Ä	L	Ö	Ä	Y	L	X	C	V	B	N	A	M	Q	S	D	W	G	F
H	T	R	E	I	N	I	G	E	N	Z	F	U	I	O	P	Ä	H	Ä
I	N	B	J	V	C	X	L	J	G	K	T	L	Ö	Ä	Y	Q	E	H
G	A	K	O	N	T	A	K	T	F	Ä	I	G	K	E	I	T	S	I
K	Y	X	C	V	B	N	M	Q	W	E	R	T	Z	U	I	O	P	G
E	Ü	Z	U	V	E	R	L	Ä	S	S	I	G	K	E	I	T	A	K
I	D	F	G	H	J	K	L	Ö	Y	X	C	V	B	N	M	Q	W	E
T	D	Y	X	C	V	B	N	M	Q	W	E	R	T	R	T	Z	U	I
S	E	L	B	S	T	Ä	N	D	I	G	K	E	I	T	I	O	P	T

Kompetenzen	Tätigkeiten

Hauswirtschafter/in und Hauswirtschaftshelfer/in – *Arbeitsblatt*

Partnerarbeit

Waschen ist eine der Haupttätigkeiten von Katharina.
Dafür muss sie die Wäschezeichen kennen.
Ordnet die Wäschezeichen der richtigen Erklärung zu.

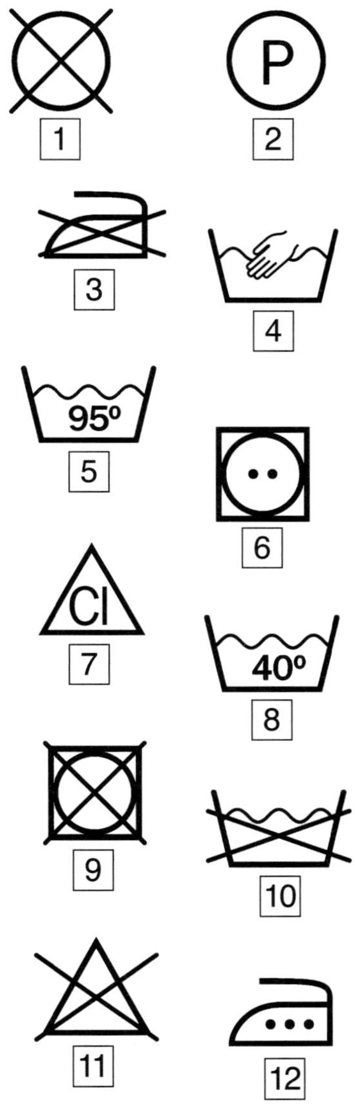

- ☐ Das Wäschestück darf in der Waschmaschine bei 40° gewaschen werden.
- ☐ Das Wäschestück darf in der Waschmaschine im Schonwaschgang bei 95° gewaschen werden.
- ☐ Das Wäschestück darf nicht in die Waschmaschine, sondern muss mit der Hand gewaschen werden.
- ☐ Das Wäschestück darf nicht gewaschen werden, sondern muss in die Reinigung.
- ☐ Dieses Wäschestück darf nicht einmal gereinigt werden.
- ☐ Zeichen im Kreis sind Hinweise für die Reinigung.
- ☐ Das Wäschestück darf gebügelt werden. Die Punkte zeigen, wie heiß das Bügeleisen eingestellt werden darf. 1 Punkt * lauwarm ** mittelwarm *** heiß.
- ☐ Das Wäschestück darf nicht gebügelt werden.
- ☐ Das Wäschestück darf in den Trockner.
- ☐ Das Wäschestück darf mit Chlor gebleicht werden.
- ☐ Das Wäschestück darf nicht mit Chlor gebleicht werden.
- ☐ Das Wäschestück darf nicht in den Trockner.

Einzelarbeit

Schaue in ein Wäschestück (Jacke, Pullover) deines Partners, und schreibe eine kurze Waschanleitung in dein Heft.

Den Beruf Hauswirtschafter/in oder Hauswirtschaftshelfer/in kann ich mir

☐ gut ☐ vielleicht ☐ gar nicht vorstellen.

Fachkraft im Gastgewerbe – *Arbeitsblatt*

Einzel-/Partnerarbeit

Welche Kompetenzen muss die Fachkraft im Gastgewerbe mitbringen?
Füllt die Lücken aus. Vergleicht eure Ergebnisse mit einem Partner.

1. Carina faltet Servietten für die Tischdekoration. Dazu braucht sie

_______________________ Geschick.

2. Sie deckt den Tisch sorgfältig ein und denkt sich dafür die Dekoration aus.
Hier ist _______________________ und

_______________________ wichtig.

3. Simone hat heute Thekendienst.

_______________________ ist im Umgang mit Lebensmitteln und eine gut besuchte Theke die Hauptsache. Simone bedient die Gäste und kommt mit vielen Menschen ins Gespräch. Simone ist sehr

_______________________ und hat

Freude an _______________________.

nau – hig – mu – Kom – Kraft –
werk – kon – fä – per – Sau – ti –
ig – liches – ka – kör – vi – Ge –
ni – tät – takt – keit – hand – tion
– ber – Krea – keit – lich –

Alle

Stellt kleine, mit Wasser gefüllte Plastikflaschen oder Becher auf ein Tablett. Lauft mit dem vollen Tablett in einer Hand zwischen den Tischen durch die Klasse.

Wenn du diese Tätigkeit den ganzen Tag

machst, musst du _______________________
belastbar sein. Das Tragen des schweren

Tabletts erfordert viel _______________________.

Fachkraft im Gastgewerbe – *Arbeitsblatt*

Gruppenarbeit

Schaut euch bei *www.planet-beruf.de* den Film über die Fachkraft im Gastgewerbe an, und lest den BERUFENET-Steckbrief.

Wo arbeitet die Fachkraft im Gastgewerbe?

____

____

Welche Tätigkeiten führt die Fachkraft im Gastgewerbe aus?

____

____

Warum wird die Fachkraft im Gastgewerbe der „gute Geist“ des Betriebs genannt?

____

____

Welche Arbeiten sind in einem Hotelzimmer zu erledigen?

____

____

Warum wird das Geschirr und Besteck schon am Vortag bereitgestellt?

____

____

Wie wird dem Hotelgast in einer fremden Stadt geholfen?

____

____

Wie lange dauert die Ausbildung?

____

Welche Tätigkeiten kommen bei der Ausbildung zum Restaurantfachmann/-frau noch hinzu?

____

____

Alle

Stellt den Beruf Fachkraft im Gastgewerbe in der Klasse vor.

Fachkraft im Gastgewerbe – *Arbeitsblatt*

Partnerarbeit

Als Restaurantfachmann/-frau müsst ihr die Speisekarte auswendig können.
Lest euch die Speisekarte genau durch, und versucht,
euch Preis und Nummer der einzelnen Gerichte zu merken.
Fragt euch gegenseitig ab.
Erkennt ihr ein System in der Speisekarte, das euch das Merken erleichtert?

301	Pommes mit Majo und Ketchup	2,00 €
302	Pommes mit Currywurst	3,50 €
303	Pommes mit Frikadelle	3,50 €
304	Pommes mit Schnitzel	3,50 €
305	Pommes mit Schnitzel und Salat	4,00 €
401	Pizza Margarita	4,50 €
402	Pizza Salami	5,00 €
403	Pizza Schinken	5,00 €
404	Pizza Thunfisch	5,00 €
405	Pizza Schinken Salami	5,50 €
406	Pizza Thunfisch Schinken	5,50 €
407	Pizza Salami, Schinken, Thunfisch	6,00 €
601	Spagetti Bolognese	4,50 €
602	Spagetti Carbonara	4,50 €
603	Tortellini	4,50 €
604	Tortellini al Forno	5,00 €
605	Lasagne	5,00 €

Alle

Lasst euch von Mitschülern Fragen zu Nummern und Preisen stellen.
Die 2er-Teams können die Fragen gemeinsam beantworten!
Wer kann sich Dinge gut merken?

Gruppenarbeit

Entwerft selbst eine Speisekarte!

Den Beruf Fachkraft im Gastgewerbe kann ich mir

☐ gut ☐ vielleicht ☐ gar nicht vorstellen.

Frisör/in – *Infoseite*

Souniya macht ein 3-wöchiges Schülerpraktikum in einem Frisörsalon. In der zweiten Woche darf sie schon mal einer Kundin die Haare waschen. Lockenwickler aufdrehen und föhnen übt sie noch an einem Modellkopf.

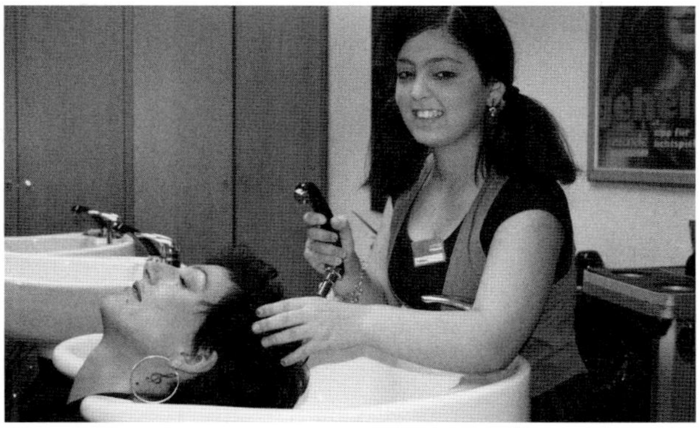

Während der Praktikumszeit muss Souniya ihre Praktikumsmappe bearbeiten und ausfüllen. Am Abend schreibt sie den Tagesbericht für den vergangenen Tag.

Mittwoch, 10. November	
9:00–10:00 Uhr	Pünktlich im Salon angekommen. Zeitschriften sortiert und ordentlich hingelegt. Kaffee gekocht.
10:00–11:00 Uhr	Haare weggefegt. Am Modellkopf Locken wickeln geübt. Kundin mit Kaffee versorgt. Waschmaschine angestellt. Kundin die Haare gewaschen.
11:00–11:15 Uhr	Pause: Brötchen geholt.
11:15–12:00 Uhr	Am Modellkopf Locken wickeln geübt. Haare weggefegt. Kundin mit Kaffee versorgt.
12:00–13:00 Uhr	Beim Wimpern färben zugeschaut. Beim Augenbrauen zupfen zugeschaut.
13:00–14:00 Uhr	Pause: Schnell nach Hause gelaufen und gegessen.
14:00–15:00 Uhr	Trockner angestellt. Handtücher gefaltet.
15:00–16:00 Uhr	Am Modellkopf föhnen geübt. Haare weggefegt. Tassen gespült.
16:00–17:00 Uhr	Beim Haare färben und schneiden zugeschaut.
17:00–18:00 Uhr	Salon gefegt. Waschmaschine eingeräumt. Aufgeräumt.

Partnerarbeit

Lest den tabellarischen Tagesbericht, und schreibt ihn gemeinsam zu einem ausführlichen Tagesbericht um.

Um 9 Uhr bin ich pünktlich ...

Frisör/in – *Arbeitsblatt*

Frisöre benötigen neben handwerklichen Fähigkeiten vor allem kommunikative Kompetenzen. Die Kunden möchten beraten werden und sich unterhalten.

Partnerarbeit

A

Jedes Paar erhält ein Arbeitsblatt A und ein Arbeitsblatt B. Auf Blatt A und B findet ihr die Textbausteine eines Gesprächs zwischen einer Frisörin und einer Kundin.

Jeder nimmt sich ein Blatt (A oder B) und schneidet die Textbausteine aus. Legt die Textbausteine gemeinsam zu einem sinnvollen Gespräch zusammen.

Lest das Gespräch mit verteilten Rollen, und stellt es in der Klasse vor.

Frisörin

„Guten Tag."

„Sie haben so schöne dicke und lange Haare. Ich würde sie nicht zu kurz schneiden."

„Außerdem können wir ein paar Strähnchen in einem hellen Blond färben, dann wirkt die Frisur lebhafter und jugendlich."

„Gerne, wir haben hier ein sehr gutes Produkt, extra für trockenes Haar. Das kann ich sehr empfehlen."

„Schön, wenn Sie sich wohl fühlen. So, jetzt trockne ich das Haar ab, und dann kann es losgehen."

„Das ist kein Problem! Bitte nehmen Sie Platz, darf ich Ihnen eine Tasse Kaffee anbieten?"

„Schulterlang steht Ihnen bestimmt sehr gut. Ich würde einen Schnitt mit Seitenscheitel empfehlen, das ist im Moment sehr modern."

„Ich wasche Ihnen jetzt erst einmal die Haare."

„So ist es recht. Ist das Wasser so angenehm?"

„Zuerst färben wir ein paar blonde Strähnchen, und dann schneide ich eine ganz pfiffige Frisur. Das wird toll aussehen."

Frisör/in – *Arbeitsblatt*

Frisöre benötigen neben handwerklichen Fähigkeiten vor allem kommunikative Kompetenzen. Die Kunden möchten beraten werden und sich unterhalten.

Partnerarbeit

B

Jedes Paar erhält ein Arbeitsblatt A und ein Arbeitsblatt B. Auf Blatt A und B findet ihr die Textbausteine eines Gesprächs zwischen einer Frisörin und einer Kundin.

Jeder nimmt sich ein Blatt (A oder B) und schneidet die Textbausteine aus. Legt die Textbausteine gemeinsam zu einem sinnvollen Gespräch zusammen.

Lest das Gespräch mit verteilten Rollen, und stellt es in der Klasse vor.

Kundin

„Guten Tag. Ich find meine Haare so langweilig und hätte gerne eine neue Frisur."

„Ja, das denke ich auch. Ich möchte keine Kurzhaarfrisur, bis auf die Schulter sollten sie mindestens fallen."

„Strähnchen hatte ich noch nie. Das wollte ich schon immer mal ausprobieren."

„Dann lehne ich mich jetzt nach hinten. Ist es so recht?"

„Ja, die Temperatur ist genau richtig, und die Kopfhautmassage ist sehr entspannend."

„Ja, danke, sehr gerne. Können Sie mir einen Rat geben, wie ich meine Haare schneiden lassen soll und welche Frisur mir gut steht?"

„Einen Seitenscheitel hatte ich schon einmal. Das stand mir wirklich sehr gut, und wenn das jetzt so modern ist, sollten wir das machen."

„Ja bitte, ich hätte auch gerne eine Haarkur. Meine Haare sind immer so trocken."

„Prima, ich bin schon sehr gespannt, wie ich mit der neuen Frisur aussehe."

„Da verlass ich mich ganz auf Sie, dass ich dann toll aussehen werde!"

Frisör/in – *Arbeitsblatt*

Eine Aufgabe in Souniyas Praktikumsmappe ist es, alle Verben, welche die Tätigkeiten einer Frisörin beschreiben, zu unterstreichen und zu notieren.

Gruppenarbeit

Unterstreicht alle Verben, welche die Tätigkeiten eines Frisörs/einer Frisörin beschreiben, und vergleicht sie miteinander.

Überlegt gemeinsam, zu welchem Bereich sie gehören, und tragt sie in das entsprechende Kästchen ein.

Stellt eure Ergebnisse in der Klasse vor.

sägen, kleben, schneiden, verkaufen, fegen, löten, waschen, bedienen, raspeln, erzählen, beraten, hobeln, zuhören, hacken, färben, schleifen, mauern, föhnen, füttern, putzen, unterhalten, falten, graben, zupfen, einräumen, rasieren, fliesen, kämmen, verputzen, flechten, polieren, wischen, erklären, klettern, toupieren, bohren, transportieren, schleppen, beruhigen, rennen, fragen, anbieten, abreißen

Handwerkliches	Reinigen	Kommunikation

Den Beruf Frisör/in kann ich mir

☐ gut ☐ vielleicht ☐ gar nicht vorstellen.

Verkäufer/in – *Infoseite*

Fabian hat seine Ausbildung zum Verkäufer beendet und ist von seinem Ausbildungsbetrieb übernommen worden. Er arbeitet bei REWE im Schichtdienst, das heißt, eine Woche von morgens 6 Uhr bis um 14 Uhr, in der folgenden Woche von 14 Uhr bis abends um 22 Uhr.
Diese Woche hat Fabian Frühschicht.

„Um **6 Uhr** ist zunächst Teambesprechung, und die anfallenden Arbeiten werden besprochen und aufgeteilt. Zunächst muss das Gemüse und Obst aus dem Kühlraum geholt werden. Heute sind Äpfel im Sonderangebot. Ein Teil der Äpfel wird draußen vor der Eingangstür aufgebaut, der Rest wird in die Obst- und Gemüsetheke einsortiert. Bis um **8 Uhr** muss alles fertig sein.
Dann wird der Laden für die Kunden geöffnet.

Ich arbeite jetzt im Lager und bereite alles für die Warenlieferung vor. Um **9 Uhr** kommt der Lkw mit der bestellten Ware. Ich kontrolliere, ob die bestellte Ware komplett geliefert wurde und der Lieferschein stimmt. Wenn alles okay ist, unterschreibe ich den Lieferschein.

Um **10:30 Uhr** kann die Ware ausgepackt werden.
Bevor die Regale mit der neuen Ware nachgefüllt werden, müssen die älteren Packungen nach vorne gezogen werden, gleichzeitig mache ich eine MDH-Kontrolle (Mindesthaltbarkeitsdatum). Die älteren Produkte müssen zuerst verkauft werden, und Packungen, deren MDH abgelaufen ist, werden aussortiert.

Service und Kundenorientierung sind das Wichtigste in meinem Beruf. Viele unserer Kunden sind Stammkunden und möchten persönlich bedient werden. Klar bringe ich älteren Menschen schon mal eine Kiste Mineralwasser zum Auto. Überhaupt ist es ganz egal, welche Arbeiten noch zu erledigen sind, das Bedienen und Beraten der Kunden steht an erster Stelle.

Gegen Mittag wird es voll. Viele nutzen ihre Mittagspause zum Einkaufen. Deshalb helfe ich ab **12 Uhr** an der Kasse aus. Da muss ich mich dann noch mal sehr gut konzentrieren. Um **14 Uhr** ist dann Schichtwechsel, und ich habe Feierabend."

Verkäufer/in – *Arbeitsblatt*

Partnerarbeit

Tragt Fabians Tätigkeiten in die Tabelle ein.

Zeit	Tätigkeiten

Kreuzt die richtigen Sätze an.

B	Das Obst wird aus dem Kühlraum geholt und in die Obsttheke einsortiert.
K	Das Obst wird aus dem Keller geholt und nach draußen vor die Ladentür gebracht.
O	Fabian bringt Kunden die Getränkekisten zum Auto.
E	Ältere Ware wird im Regal nach vorne gezogen.
F	Ältere Ware wird sofort aussortiert.
D	Beim Arbeiten an der Kasse muss Fabian sich konzentrieren.
G	Die wichtigste Aufgabe ist das Einsortieren der Ware in die Regale.
L	Fabian hat diese Woche Spätschicht.
I	Fabian arbeitet nächste Woche von 14 Uhr bis 22 Uhr.
E	Das Bedienen und Beraten der Kunden hat immer Vorrang.
R	Gegen Mittag wird es wieder leerer im Laden.
N	Viele nutzen die Mittagspause zum Einkaufen.
E	Fabian kontrolliert, ob der Lieferschein stimmt.
T	Fabian unterschreibt den Kassenzettel.
N	Das Mindesthaltbarkeitsdatum (MDH) der Ware muss kontrolliert werden.

Lösungswort:

Verkäufer/in – *Arbeitsblatt*

Gruppenarbeit

Informiert euch auch im Internet über den Beruf des Verkäufers/der Verkäuferin:
www.planet-beruf.de

Beantwortet anschließend folgende Fragen:

Wie lange dauert die Ausbildung?

____

Wo arbeitet man?

____

Wie viel Geld verdient man?

1. Lehrjahr ______________________________

2. Lehrjahr ______________________________

3. Lehrjahr ______________________________

Worauf kommt es an?

____

____

____

Welcher Schulabschluss wird erwartet?

____

Stellt den Beruf Verkäufer/in in der Klasse vor.

Den Beruf Verkäufer/in kann ich mir

☐ gut ☐ vielleicht ☐ gar nicht vorstellen.

Gebäudereiniger/in – *Infoseite*

Einige Schüler der Klasse 9 machen eine Betriebserkundung bei der Gebäudereinigungsfirma Elias. Herr Elias nimmt sich viel Zeit und beantwortet gerne alle Fragen.

Mirko: „Ist Gebäudereiniger nicht nur ein anderes Wort für Putzfrau?"

Herr Elias: „Der ausgebildete Gebäudereiniger hat völlig andere Aufgaben als eine einfache Reinigungskraft. Es wird viel mit Maschinen und verschiedenen Fahrzeugen gearbeitet. Hier seht ihr einen unserer Auszubildenden bei der Reinigung einer Einfahrt. Benni muss sich mit der Technik der Geräte gut auskennen. Hochdruckreiniger, Motorbesen, Sandstrahler, Schneeräumer und Hubwagen müssen sachgerecht bedient und gefahren werden."

Sabrina: „Ist der Job des Gebäudereinigers ein sicherer Arbeitsplatz?"

Herr Elias: „Was meinst du mit sicher? Der Job ist zum einen ziemlich krisensicher. Mit Gesellenbrief und Führerschein ist das ein sicherer Job bis zum Lebensende. Gebäudereiniger werden immer gebraucht und im Moment sehr gesucht. Letztes Jahr hätten wir gerne noch einen Azubi genommen, haben aber keinen gefunden. Oder meintest du sicher im Sinne von gefährlich? Klar, man muss schwindelfrei sein und gut klettern können, da man auch mal auf hohen Hausdächern unterwegs ist! Aber Sicherheit ist immer das Wichtigste, und in gefährlichen Höhen arbeitet man angeseilt, und ein Kollege sichert. Da muss man sich aufeinander verlassen können, und Sportlichkeit ist notwendig."

Dominik: „Wann wird morgens mit der Arbeit begonnen?"

Herr Elias: „Gebäudereiniger sind Frühaufsteher. Wir fangen um 5 Uhr an. Zunächst reinigen wir die Schaufenster von einigen Lebensmittelläden, denn wenn um 7 Uhr die Ware nach draußen geräumt wird, muss das Fenster sauber sein. Aber im Praktikum muss man bei uns erst um 8 Uhr anfangen."

Lisa: „Arbeitet man viel alleine oder im Team?"

Herr Elias: „Man arbeitet fast immer im Team. Bei Leiterarbeiten muss immer einer die Leiter sichern, und oft muss die Arbeit schnell fertig sein, um den Betrieb nicht unnötig zu stören. Da ist man dann mit vielen Kollegen unterwegs. Hier wird gerade das Dach eines Krankenhauseingangs gereinigt. Wir haben über 30 Mitarbeiter und sind wie eine große Familie."

Kadelen: „Worauf kommt es bei dem Beruf am meisten an?"

Herr Elias: „Das wichtigste ist die Kundenorientierung. Die Zufriedenheit des Kunden bestimmt den Erfolg und sichert deinen Arbeitsplatz. Du vertrittst auch schon während des Praktikums das Unternehmen und musst dich entsprechend verhalten. Der Kunde muss nach getaner Arbeit einen Unterschied erkennen können und zufrieden sein. Auf dem Bild siehst du das Dach einer Industriehalle. Der Unterschied vorher und nachher ist schon gewaltig."

Sebastian: „Ist die Arbeit nicht langweilig, und was lernt man während der Ausbildung?"

Herr Elias: „Die Arbeit ist sehr abwechslungsreich, und man muss immer andere Herausforderungen meistern. Dazu gehört die Fähigkeit, immer mal zu improvisieren, also Kreativität ist auch gefragt. In der Ausbildung lernt man unter anderem, welche Reinigungsmittel für die unterschiedlichen Flächen geeignet sind."

Ali: „Was für Arbeiten fallen noch an?"

Herr Elias: „Im Herbst entfernen wir das Laub mit großen Laubsaugern, und im Winter machen wir auch Schneedienst. Da müssen wir auch früh raus. Die Arbeit mit dem Schneeräumfahrzeug ist bei allen Mitarbeitern sehr begehrt. Mit dem Besen Schnee fegen ist dagegen natürlich langweilig. Inzwischen reinigen wir auch immer öfter Solaranlagen auf Dächern, damit diese ohne Verlust funktionieren."

Gebäudereiniger/in – *Arbeitsblatt*

Teamfähigkeit ist eine wichtige Kompetenz des Gebäudereinigers. Sich gegenseitig unterstützen, helfen und absichern erfordert gegenseitiges Vertrauen.

Probiert folgende Übungen.

Alle

Stellt eure Stühle in eine Reihe.
Stellt euch in beliebiger Reihenfolge auf die Stühle.

Wechselt jetzt die Positionen, sodass ihr der Größe nach auf den Stühlen steht: der Kleinste ganz rechts, der Größte links.
Achtung: Ihr dürft dabei die Stühle nicht verlassen, sondern sollt euch gegenseitig helfen und festhalten!

Stellt euch dann, ohne dass einer den Stuhl verlassen muss, nach dem Alter auf: der Älteste ganz rechts, der Jüngste ganz links.

Partnerarbeit

Stellt euch paarweise hintereinander auf.
Der Vordermann lässt sich nach hinten fallen, der Hintermann fängt den Vordermann auf.
Wer Angst hat, kann sich vor dem Fallen schon von seinem Hintermann unter die Achseln greifen lassen. Das gibt euch mehr Sicherheit!

Verbindet die Augen.
Lasst euch von einem Partner blind an der Hand durch das Gebäude führen.
Warnt vor gefährlichen Stellen, Treppen, Ecken usw.

Lasst euch dann, ohne den Partner an der Hand, nur mit mündlichen Anweisungen durch das Gebäude führen.

Alle

Tauscht euch nach den Übungen über folgende Fragen aus:
- Welche Aufgaben waren leicht, welche eher schwer?
- Wie habt ihr euch bei den einzelnen Aufgaben gefühlt?
- Habt ihr eurem Partner vertraut?

Gebäudereiniger/in – *Arbeitsblatt*

Partnerarbeit

Wählt 8 Fragen aus, und beantwortet sie schriftlich im Heft.
Besprecht die Antworten in der Klasse.

1) Mit welchen Geräten und Maschinen wird gearbeitet?

2) Welche Kompetenzen werden erwartet?

3) Warum muss der Gebäudereiniger teamfähig sein?

4) Welche Arbeiten fallen im Herbst und im Winter an?

5) Welche Flächen werden gereinigt? Überlegt euch eigene Beispiele.

6) Was meint Kundenorientierung? Nennt Beispiele.

7) Warum darf der Gebäudereiniger keine Höhenangst haben?

8) Glaubt ihr, dass man Höhenangst überwinden kann?

9) Warum sind Gebäudereiniger Frühaufsteher?

10) Warum ist ein Führerschein wichtig?

11) Ist der Beruf des Gebäudereinigers gefährlich?

12) Warum wirbt Herr Elias für ein Praktikum als Gebäudereiniger?

13) Welche Argumente sprechen für den Beruf des Gebäudereinigers?

14) Welche Argumente sprechen eurer Meinung nach gegen den Beruf?

Gartenbauwerker/in – *Infoseite*

Das Werkstattjahr bei Agricola bereitet auf eine Ausbildung zum Werker/in im Gartenbau vor.

Jennifer: „Besonders im Herbst haben wir auf dem Friedhof jede Menge zu tun. Das Laub muss von den Rasenflächen entfernt werden, und auch die Gräber werden regelmäßig vom Laub befreit. Ich arbeite gerne draußen, und schlechtes Wetter macht mir nichts aus. Ich kann beim Arbeiten meinen Gedanken nachhängen und alles in Ruhe erledigen. Leider bin ich in unserer Gruppe das einzige Mädchen, obwohl die meisten Aufgaben gar nicht schwer sind und für Mädchen kein Problem. Vielleicht wollen sich manche Mädchen nicht so gerne schmutzig machen? Das lässt sich natürlich nicht vermeiden."

Wojciek: „Hier lege ich gerade eine Furche mit kleinen Kieselsteinen aus. Das sieht schön aus und sorgt dafür, dass es dort nach starkem Regen nicht so matschig ist. Natürlich muss ich dabei Handschuhe tragen, wie bei fast allen anderen Arbeiten auch. Außerdem trage ich immer meine Arbeitshose und Sicherheitsschuhe, das ist Vorschrift. Die Arbeit auf dem Friedhof ist in Ordnung, aber später, nach der Ausbildung, möchte ich gerne in einer Baumschule arbeiten und Bäume heranziehen. Dann könnt ihr vielleicht mal einen Apfelbaum bei mir kaufen."

Alex: „Die Namen von dem ganzen Grünzeug kann ich mir gar nicht merken. Das wird noch ein ganzes Stück Arbeit in der Schule. Der Unterricht ist aber nicht schwer! Die Grundrechenarten werden wiederholt, und Geometrie war für mich noch nie ein Problem. Neuerdings interessiere ich mich auch für Biologie, ob ich nun will oder nicht.
Ich arbeite am liebsten mit meinem Kollegen zusammen, also Teamfähigkeit ist das Stichwort. Wir können die ganze Zeit bei der Arbeit quatschen und auch mal eine kleine Pause einlegen. Die Pflanzen bringe ich jetzt zu einem Grab, das neu bepflanzt werden soll. Wir müssen überlegen, wie wir die verschiedenen Pflanzen dort anordnen, damit es schön aussieht. Man braucht schon etwas Fantasie und gute Ideen."

Marcel: „Jetzt werden die Pflanzen auf dem Grab verteilt, und der Gesamteindruck wird gecheckt, bevor wir anfangen, zu buddeln. Ich will später auf jeden Fall in einer Friedhofsgärtnerei arbeiten. Den ganzen Tag an der frischen Luft, kein Stress, und die ‚Bewohner' hier nerven auch nicht. Zur Ausbildung in der Fachrichtung Friedhofsgärtnerei gehört allerdings auch, wie man einfache Trauerbinderei und Dekorationen anfertigt. Das wird eine Katastrophe, denn mit der Feinmotorik hab ich es nicht so!
Na ja, auch das kann man lernen. Cool finde ich, dass man für die Ausbildung zum Werker im Gartenbau keinen Hauptschulabschluss braucht."

Stefan: „Hier üben wir gerade, Pflastersteine zu setzen. Das ist nicht so einfach, wie es aussieht, und man braucht ganz schön viel Kraft. Der Gummihammer ist ziemlich schwer. Aber Pflastern find ich toll. Ich werde versuchen, eine Ausbildung im Bereich Garten- und Landschaftsbau zu bekommen. Da lerne ich, wie man Terrassen pflastert. Und glaubt mir, es gibt die tollsten Muster! Das Zeichnen der Muster und das Erstellen von Plänen für einen Garten ist bestimmt schwer. Hoffentlich kann ich irgendwann auch mal mit einem großen Bagger fahren wie im Film:
www.beroobi.de/berufe/gaertner/#/start/
Hier kannst du dich gut über die verschiedenen Ausbildungsmöglichkeiten im Bereich Gartenbau erkundigen."

Einzelarbeit

Welche Kompetenzen braucht man für eine Ausbildung zum Werker/in im Gartenbau?

▶ ____________________ ▶ ____________________

▶ ____________________ ▶ ____________________

▶ ____________________ ▶ ____________________

▶ ____________________ ▶ ____________________

▶ ____________________ ▶ ____________________

▶ ____________________ ▶ ____________________

Gartenbauwerker/in – *Arbeitsblatt*

Es gibt 7 verschiedene Fachrichtungen im Bereich Gartenbau.
Ihr braucht also 7 Paare oder Gruppen.

Partner-/Gruppenarbeit

Informiert euch über die verschiedenen Fachrichtungen unter:
http://berufenet.arbeitsagentur.de/berufe/index.jsp
Suchwort: Gartenbauwerker. Notiert die Fachrichtungen:

▶ ______________________________

▶ ______________________________

▶ ______________________________

▶ ______________________________

▶ ______________________________

▶ ______________________________

▶ ______________________________

Gruppenarbeit

Teilt die 7 Fachrichtungen untereinander auf.
Recherchiert jeweils als Expertenteam zu einer Fachrichtung.
Beantwortet dann folgende Fragen:

Wie lange dauert die Ausbildung?

____

Wo wird gearbeitet?

____

Wie viel Geld verdient man?

1. Lehrjahr ______________________________

2. Lehrjahr ______________________________

3. Lehrjahr ______________________________

Worauf kommt es an?

____

Welcher Schulabschluss wird erwartet?

____

Stellt eure Fachrichtung des Gartenbauwerkers den anderen Gruppen vor.

Florist/in – *Infoseite*

Julia ist im 3. Lehrjahr zur Floristin.
Sie zeigt den Schülern der Klasse 8, wie man einen Strauß mit Röschen bindet.

„Zunächst werden die Röschen von den Dornen befreit. Dann werden sie mit dem Grün zusammen in eine runde Form gebunden. Das lernt man alles während der Ausbildung. Nach wenigen Wochen ist das kein Problem mehr. Man muss allerdings schon ein Gespür für Formen und Farben mitbringen. Wenn das Fach Kunst zu deinen Lieblingsfächern zählt, könnte dieser Beruf das Richtige für dich sein. Und mit etwas handwerklichem Geschick entstehen dann so schöne Blumensträuße wie dieser hier.

Natürlich solltest du dich für Pflanzen interessieren und gerne mit Naturmaterialien arbeiten. Das Fach Biologie ist im Berufskolleg sehr wichtig. Du musst z.B. auch die lateinischen Pflanzennamen lernen. Neben Kunst und Biologie solltest du gut kopfrechnen können, weil du während des Binden des Straußes schon überlegen musst, was der Blumenstrauß kostet. Viele Kunden geben einen Preis vor, manche sagen einfach: ‚Ich hätte gerne einen schönen Strauß für 20 Euro', und dann musst du mitrechnen können.

Genauso wichtig sind Kontaktfähigkeit und Kommunikationsfähigkeit, weil du den ganzen Tag mit Kunden umgehst und ihre Wünsche erfüllst. Viele Kunden haben keine genaue Vorstellung davon, was sie eigentlich möchten, und du musst kreative Vorschläge machen. Das ist oft nicht einfach, aber es ist ein gutes Gefühl, wenn der Kunde dann zufrieden ist. Es gibt auch Kunden, die man nur schwer zufrieden stellen kann, aber auch da ist Freundlichkeit gefragt.

Am liebsten fertige ich Blumengestecke für große Feiern an. Da kann ich meiner Fantasie und Kreativität freien Lauf lassen. Auch Brautsträuße binde ich gerne. Traurig ist es, wenn Kunden für eine Beerdigung einen Kranz bestellen. In so einem Fall braucht man Einfühlungsvermögen für die Trauernden und viel Geduld.

Aufräumen und Sauber machen gehören natürlich auch dazu. Das Geschäft muss immer gepflegt aussehen und darf keinen schmuddeligen Eindruck machen."

Florist/in – *Arbeitsblatt*

Einzelarbeit

Trage die Wörter in das Kreuzworträtsel ein.
Die umrandeten Kästchen ergeben das Lösungswort.

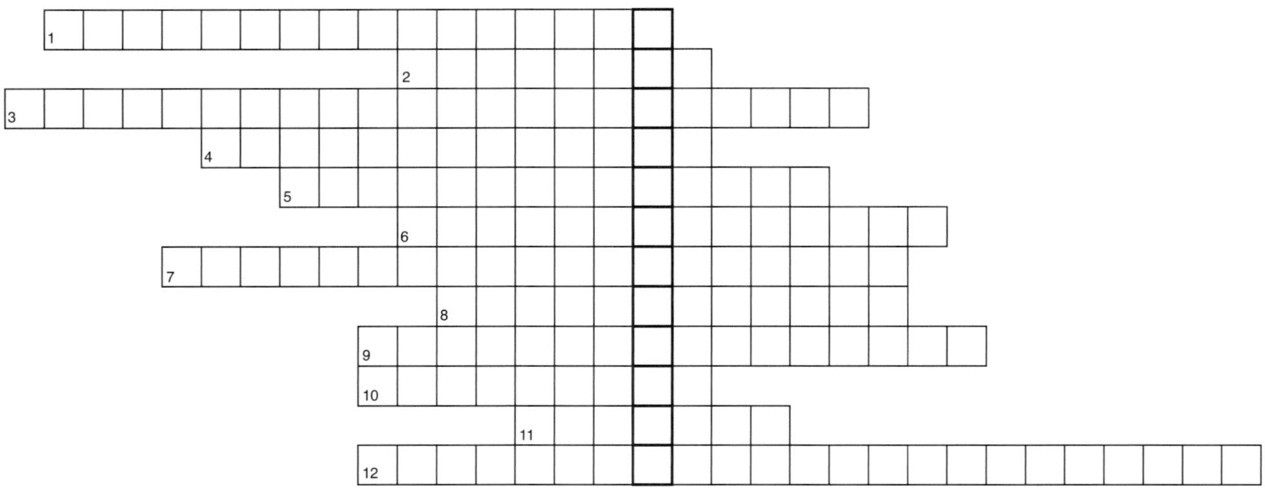

1) Im Umgang mit dem Kunden benötigt die Floristin …

2) Ein wichtiges Fach im Berufskolleg ist …

3) Für schön gebundene Blumensträuße benötigt Julia …

4) Kunst war in der Schule Julias …

5) Das oberste Gebot im Laden ist …

6) Für große Feiern fertigt Julia gerne schöne …

7) Bei der Beratung von Trauernden benötigt Julia …

8) Zum Unterricht während der Ausbildung geht Julia in das …

9) Julia arbeitet sehr gerne mit …

10) Eine lästige Pflicht ist das …

11) Julia bindet einen Strauß mit kleinen …

12) Die Beratung der Kunden erfordert eine gute …

Gruppenarbeit

Welche Blumen kennt ihr?
Schreibt möglichst viele Blumennamen auf.
Welche Gruppe hat die meisten Namen notiert?

Florist/in – *Arbeitsblatt*

Gruppenarbeit

Wie heißen diese Blumen? In welchen Farben gibt es sie?
Wenn ihr es nicht wisst, dann fragt in einem Blumenladen nach.
Schaut euch dort auch Blumensträuße an.

____

____

____

____

____

____

____

____

Gerbera
Rose
Orchidee
Lilie
Tulpe
Nelke
Sonnenblume
Hyazinthe

Den Beruf Florist/in kann ich mir

❑ gut ❑ vielleicht ❑ gar nicht vorstellen.

Altenpflegehelfer/in – *Arbeitsblatt*

Nathalie hat eine Ausbildung zur Altenpflegehelferin gemacht. Sie arbeitet nun im Schichtdienst in einem Alten- und Pflegeheim. Die Ausbildung dauert nur 1 Jahr an einer Berufsfachschule, die oft an ein Altenheim angeschlossen ist. Während der Ausbildung hat Nathalie 4 Praktika gemacht, 2 in einem Pflegeheim und 2 in der ambulanten Pflege. Ambulante Pflege meint, dass man zu den Patienten hinfährt und diese zu Hause versorgt.

Partner-/Gruppenarbeit

Schneidet die Text- und Fotokarten aus, und ordnet zu. Vergleicht eure Ergebnisse, und klebt dann die Fotos neben die passenden Textkarten.

Nathalie hilft der Altenpflegerin bei allen anfallenden Arbeiten. Morgens ist die Grundpflege: Die Bewohner werden gewaschen, und gegebenenfalls müssen die Windeln gewechselt werden. Nathalie bezieht das Bett neu und richtet alles her, damit Frau Kreiter wieder bequem im Bett liegen kann. Dann wird das Zimmer aufgeräumt.

Die dreckige Wäsche wird in große Behälter sortiert und dann in den Keller gebracht. Dort wird sie von einer Wäscherei abgeholt. Nathalie fährt mit dem Wagen von Zimmer zu Zimmer und sammelt die Wäsche ein. Mit Desinfektionsspray und Einmalhandschuhen schützt sie sich vor Infektionen.

Das Regal wird eingeräumt: Nathalie sortiert Windeln und schaut, welche Sachen nachbestellt werden müssen. Sie liebt ihren Job: „Ich liebe diese Menschen, und sie lieben mich. Ich arbeite sehr gerne hier, denn fast alle Bewohner sind sehr nett und dankbar für die Hilfe."

Herr Schnelle soll gebadet werden, und Nathalie holt ein Hebegerät. „Man benötigt schon einiges an Kraft in diesem Beruf, aber es gibt inzwischen auch Hilfsgeräte. Außerdem lernt man während der Ausbildung, wie man heben und sich bücken muss, um Rückenschäden zu vermeiden."

Viele Tätigkeiten in der Altenpflege sind eher hauswirtschaftlich. Die Bewohner werden mit Speisen und Getränken versorgt. Am Sonntagnachmittag gibt es immer ein leckeres Stück Kuchen. Frühstück und Abendbrot müssen vorbereitet werden, Krusten werden entfernt, und einige Bewohner bekommen das Essen angereicht oder werden gefüttert.

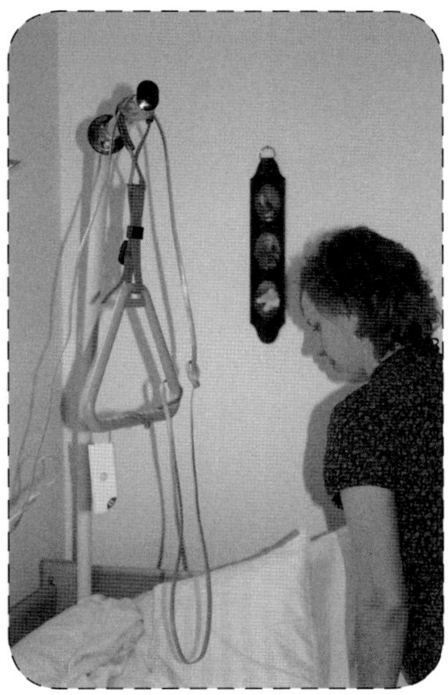

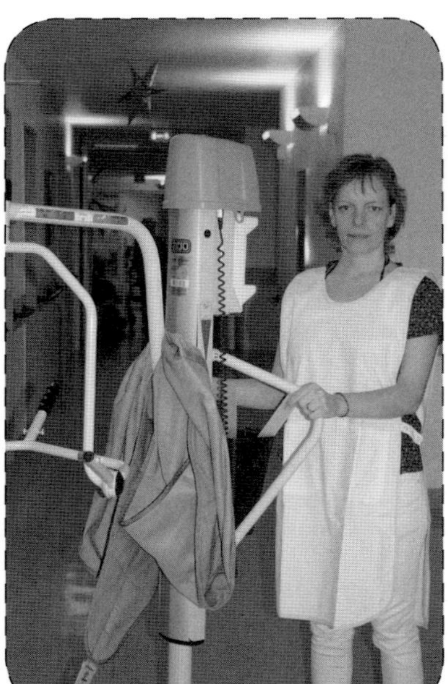

Altenpflegehelfer/in – *Arbeitsblatt*

Partnerarbeit

Füllt die Lücken aus, vergleicht eure Ergebnisse, und lest den Text in der Klasse vor.

Nathalie bemerkt, wenn sich der körperliche oder seelische Zustand eines Bewohners verändert. Dafür braucht sie eine gute ______________________.

Bewohner, die an Alzheimer leiden, benehmen sich häufig anders, als man das erwartet. Nathalie muss lernen, ______________________ einzuschätzen. Dafür braucht man auch ein paar Jahre ______________________.

Nathalie arbeitet am Vormittag, mal am Nachmittag oder auch nachts, also im ______________________. Dazu gehört selbstverständlich auch das ______________________ oder ______________________, denn die Patienten müssen immer versorgt werden.

Die Bewohner haben oft Mühe beim Essen und Trinken. Da man nicht ständig drängeln darf, braucht Nathalie viel ______________________. Sie hat ______________________ für die Probleme der alten Menschen.

Ihr macht die Arbeit Spaß, denn die Bewohner sind meistens sehr dankbar für Nathalies ______________________ und ______________________.

Nathalie darf selber keine ______________________ geben oder einen ______________________ wechseln. Das macht die gelernte ______________________. Nathalie darf dabei helfen.

Feiertage
Altenpflegerin
Verständnis
Situationen
Wochenende
Verband
Beobachtungsgabe
Hilfsbereitschaft
Geduld
Freundlichkeit
Medikamente
Erfahrung
Schichtdienst

Information

Informiert euch bei *www.planet-beruf.de/Altenpflegehelfer-in.2061.0.html?&type=10* und *www.caritas-soziale-berufe.de* weiter über den Beruf.

Den Beruf Altenpflegehelfer/in kann ich mir

☐ gut ☐ vielleicht ☐ gar nicht vorstellen.

Berufe I

Einzelarbeit

Du hast viele Berufe kennen gelernt. Kreuze an, welche Berufe für dich in Frage kommen.

	Kann ich mir gut vorstellen	Kann ich mir viel-leicht vorstellen	Kann ich mir nicht vorstellen	Bemerkungen
Berufe im Bereich Bau				
Maler/in und Lackierer/in				
Tischler/in und Holzbearbeiter/in				
Fliesenleger/in				
Berufe im Bereich Fahrzeugtechnik				
Fahrzeuglackierer/in				
Kraftfahrzeug-servicemechaniker/in				
Fahrradmonteur/in				
Tankwart/in				
Berufe im Bereich Lebensmittel				
Beikoch/Beiköchin				
Fachverkäufer/in (Fleischerei)				
Fleischer/in				
Fachverkäufer/in (Bäckerei)				
Berufe im Bereich Dienstleistung				
Hauswirtschafter/in und Hauswirtschaftshelfer/in				
Fachkraft im Gastgewerbe				
Frisör/in				
Verkäufer/in				
Berufe im Bereich Haus und Garten				
Gebäudereiniger/in				
Gartenbauwerker/in				
Florist/in				
Altenpflegehelfer/in				

Berufe II

Einzelarbeit

Notiere den Beruf, der dir am besten gefallen hat.

___

Was sind die wichtigsten Kompetenzen, die man für diesen Beruf mitbringen sollte?

___

___

___

Schau noch einmal auf den Auswertungsbogen „Meine Kompetenzen".
Trage deine Kompetenzen hier ein:

Kann ich sehr gut:	Hat mir Spaß gemacht:

Stimmen deine Kompetenzen mit deinem Berufswunsch überein? Schreibe auf, welche Kompetenzen du für diesen Beruf schon mitbringst.

___

___

___

Schreibe auf, welche Kompetenz(en) du für diesen Beruf noch trainieren musst.

___

___

___

Ausbildung – *Infoseite*

Melanie hat bei mehreren Praktika in der Bäckerei ihre Fähigkeiten bewiesen. Gute Noten in der Schule, ihr unbedingter Wille und eine Portion Glück kamen noch dazu. So konnte sie direkt nach der Schule ihre Ausbildung als Bäckereifachverkäuferin beginnen. Dafür hat sie zunächst einen **Ausbildungsvertrag** unterschrieben. Eine **duale Ausbildung** dauert in der Regel 3 Jahre. Melanie geht einen Tag in der Woche in das **Berufskolleg**, die anderen Tage arbeitet sie in der Bäckerei.

Information

Dual bedeutet „zwei enthaltend". Die Ausbildung besteht aus zwei Teilen: die praktische Ausbildung im Betrieb und die theoretische Ausbildung im Berufskolleg.

Melanies Ausbildung beginnt mit einer dreimonatigen **Probezeit**. Während der Probezeit überprüft der Ausbildungsbetrieb, ob der Auszubildende geeignet ist, den gewählten Beruf zu erlernen, Interesse zeigt und bereit ist, sich den betrieblichen Abläufen anzupassen.

Der Auszubildende hat Zeit, zu überlegen, ob er den richtigen Beruf gewählt hat und mit den gestellten Anforderungen zurechtkommt. Die Ausbildung kann während der Probezeit von beiden Seiten, ohne Begründung, jederzeit durch eine fristlose Kündigung beendet werden. Die Probezeit beträgt zwischen einem und 4 Monaten und ist im Ausbildungsvertrag festgelegt.

Ungefähr nach der Hälfte der Ausbildungszeit muss Melanie eine **Zwischenprüfung** ablegen. Hier wird in erster Linie abgefragt, ob Melanie den Unterrichtsstoff verstanden hat.

Wenn man in der Schule Probleme hat, kann man sich an die Agentur für Arbeit wenden. In vielen Fällen unterstützt die Agentur für Arbeit den Auszubildenden durch **ausbildungsbegleitende Hilfen (abH)**. Nachhilfeunterricht und sozialpädagogische Begleitung sollen die Fortsetzung und den erfolgreichen Abschluss der Berufsausbildung sicherstellen. Man sollte beim Berufsberater nach dieser Möglichkeit fragen.

Am Ende der Ausbildung muss Melanie eine **Abschlussprüfung** ablegen. Sie besteht aus einem praktischen und einem theoretischen Teil. Wenn man die Prüfung bestanden hat, bekommt man entweder einen **Facharbeiterbrief** oder den **Gesellenbrief,** auf dem die erfolgreiche Ausbildung beurkundet wird.

Ausbildung – *Arbeitsblatt*

Einzel-/Partnerarbeit

Verbinde die Begriffe mit der passenden Erklärung.
Vergleiche deine Ergebnisse mit einem Partner,
und schreibe die Begriffe mit den Erklärungen ins Heft.

Begriffe	Erklärungen
Der **Ausbildungsvertrag** ist eine …	… schaut der Betrieb, ob der Auszubildende für den Beruf geeignet ist. Das Ausbildungsverhältnis kann jederzeit von beiden Seiten fristlos gekündigt werden.
Duale Ausbildung heißt, dass …	… kann man bei den Berufsberatern der Agentur für Arbeit beantragen, wenn der Unterrichtsstoff im Berufskolleg zu schwer ist.
Im **Berufskolleg** …	… die Ausbildung aus zwei Teilen besteht: Der praktische Teil findet im Betrieb und der theoretische Teil im Berufskolleg statt.
Während der **Probezeit** …	… wird am Ende der Ausbildung abgelegt und besteht aus einem praktischen und einem theoretischen Teil. Man kann die Prüfung wiederholen, wenn man nicht besteht.
Die **Zwischenprüfung** …	… erwirbt der Auszubildende das notwendige Fachwissen für seinen Beruf, um diesen fachgerecht ausüben zu können.
Ausbildungsbegleitende Hilfe …	… ist das Abschlusszeugnis und bescheinigt den erfolgreichen Abschluss der Ausbildung.
Die **Abschlussprüfung** …	… kontrolliert, ob der Auszubildende das notwendige Fachwissen erworben hat, um die Ausbildung erfolgreich abzuschließen.
Der **Gesellen-/Facharbeiterbrief** …	… schriftliche Vereinbarung zwischen Betrieb und Auszubildendem, in dem alle wichtigen Dinge, wie Arbeitszeit, Probezeit und Gehalt, festgelegt sind.

Außerbetriebliche Ausbildung – *Infoseite*

Carsten hat seinen Hauptschulabschluss nachgeholt und danach keinen Ausbildungsplatz gefunden. Der Berater der Agentur für Arbeit stellt nach einem Test fest, dass Carsten die nötigen Kompetenzen für eine erfolgreiche Ausbildung mitbringt. Und so bietet der Berater Carsten einen außerbetrieblichen Ausbildungsplatz zum Ausbaufacharbeiter an. In diesem Berufsfeld hat Carsten schon ein Praktikum gemacht, das ihm viel Spaß gemacht hat. Carsten sagt sofort zu. Die Ausbildung dauert 2 Jahre.

Außerbetriebliche Ausbildung bedeutet, dass Carsten den praktischen Teil seiner Ausbildung nicht in einem richtigen Betrieb macht, sondern in einer extra dafür eingerichteten Werkstatt. In diesen Werkstätten werden Jugendliche ausgebildet, die keinen Ausbildungsplatz gefunden haben und noch besondere Unterstützung während der Ausbildung benötigen.

Carsten ist froh, diese Chance bekommen zu haben. An zwei Tagen in der Woche geht er zum Berufskolleg. „Der Unterricht ist ziemlich schwer, besonders in Mathe muss ich gut aufpassen und viel lernen. Bei Problemen in der Schule kann ich mich an meinen Ausbilder wenden, und ich bekomme Nachhilfeunterricht. So verliere ich den Anschluss nicht. Ich glaube schon, dass ich das packen werde."

Damit Carsten auch einen Eindruck von der Wirklichkeit bekommt, macht er immer wieder Praktika in verschiedenen Betrieben. „Den Umgang mit Kunden bin ich natürlich nicht gewöhnt, denn echte Kunden gibt es bei uns in der Werkstatt nicht. Wir üben die verschiedenen Arbeiten an Übungswänden. Meistens werden die Wände später wieder abgerissen – das ist echt frustrierend! Deshalb finde ich die Praktika so wichtig, und vielleicht ergibt sich ja die Möglichkeit, in einem richtigen Betrieb die Ausbildung fortzusetzen."

Carsten erhält eine Ausbildungsvergütung, also Geld. Das ist nicht ganz so viel wie in einem Betrieb, aber Carsten kann ganz gut davon leben. „Das ist mir auch nicht so wichtig. Wichtig ist, dass ich die Ausbildung schaffe, denn dann kann ich in einer guten Firma viel Geld verdienen. Nach der außerbetrieblichen Ausbildung bin ich genauso gut wie jeder andere Ausbaufacharbeiter, denn die Prüfung ist die gleiche."

Information

Eine außerbetriebliche Ausbildung kann dir nur die Agentur für Arbeit vermitteln. Erkundige dich im Internet und bei deinem Berufsberater der Agentur für Arbeit.

Außerbetriebliche Ausbildung – *Arbeitsblatt*

Die außerbetriebliche Ausbildung unterscheidet sich in einigen Punkten von der Ausbildung in einem Betrieb.

Partnerarbeit

Ordnet die Sätze den beiden Ausbildungsformen zu.

A: außerbetriebliche Ausbildung
B: betriebliche Ausbildung
AB: trifft für beide Ausbildungsformen zu

- [ ] Du machst während der Ausbildung mehrere Praktika.
- [ ] Den Ausbildungsplatz suchst du dir in der Regel selbst.
- [ ] Bei Problemen in der Schule bekommst du Nachhilfeunterricht.
- [ ] Der Unterricht findet am Berufskolleg oder in der Berufsschule statt.
- [ ] Du arbeitest in einem Betrieb.
- [ ] Nach der Prüfung bist du Ausbaufacharbeiter.
- [ ] Du bekommst eine Ausbildungsvergütung.
- [ ] Die praktische Arbeit findet in einer extra dafür eingerichteten Werkstatt statt.
- [ ] Die Ausbildung dauert 2 Jahre.
- [ ] Einen Ausbildungsplatz bekommst du nur über die Agentur für Arbeit.
- [ ] Am Ende der Ausbildung musst du eine Prüfung ablegen.
- [ ] Du kannst später in jedem Betrieb arbeiten.
- [ ] Du bekommst etwas weniger Geld während der Ausbildung.
- [ ] Du bist ständig bei verschiedenen Kunden unterwegs.
- [ ] Du musst dich weitestgehend selbst um alles kümmern.

Berufsvorbereitende Bildungsmaßnahme (BvB) – *Infoseite*

Katharina hat keinen Hauptschulabschluss und ist sich auch noch nicht ganz sicher, was sie mal werden will. Sie möchte in ihrem Beruf gerne mit vielen Menschen Kontakt haben, und Hauswirtschaft hat ihr in der Schule immer Spaß gemacht. Auf Katharinas Zeugnis sind kaum Fehlzeiten, sie war immer pünktlich und zuverlässig, und ihre Hausaufgaben hat sie regelmäßig gemacht. Der Berufsberater der Agentur für Arbeit hat ihr deshalb eine berufsvorbereitende Bildungsmaßnahme (BvB) vorgeschlagen.

Die BvB dauert 10 Monate und soll Katharina auf eine Ausbildung vorbereiten. Hier hat Katharina die Möglichkeit, ihre Fähigkeiten und Fertigkeiten hinsichtlich einer möglichen Berufswahl zu überprüfen, und sie kann verschiedene Berufe kennen lernen, um so eine Berufswahlentscheidung zu treffen.

Nach einer Eignungsanalyse und einem Praktikum steht fest, dass Hauswirtschaft der richtige Bereich für Katharina ist.
An drei Tagen in der Woche erlernt sie nun alle grundlegenden Tätigkeiten der Hauswirtschaftshelferin. Neben fachlichen Kompetenzen werden auch persönliche und soziale Kompetenzen weiter gefördert.

Während der BvB absolviert Katharina mehrere Praktika in verschiedenen Betrieben, und da sie inzwischen sehr selbstständig arbeitet, steht nach 8 Monaten fest, dass sie im Anschluss an die Maßnahme einen Ausbildungsplatz bekommt.

Für Katharina war die BvB die richtige Entscheidung. Nach einem Jahr hat sie nicht nur einen Ausbildungsplatz, sondern wegen ihrer guten Schulleistungen auch ihren Hauptschulabschluss geschafft.

Während der Berufsvorbereitenden Bildungsmaßnahme erhält Katharina eine Aufwandsentschädigung für die Fahrkarte und andere anfallenden Kosten.

Information

Einen Platz in einer BvB kannst du nur durch den Berufsberater bei der Agentur für Arbeit (AA) bekommen, da die Agentur für Arbeit die Kosten für die BvB übernimmt.

Berufsvorbereitende Bildungsmaßnahme (BvB) – *Arbeitsblatt*

Einzelarbeit

Kreuze die richtige Lösung an.

Die BvB dauert
- ❑ 10 Monate.
- ❑ 2 Jahre.
- ❑ 10 Wochen.

Katharina hat
- ❑ einen Hauptschul-abschluss.
- ❑ keinen Hauptschul-abschluss.
- ❑ einen Realschul-abschluss.

Bei einer BvB macht man zuerst eine
- ❑ Eingangsanalyse.
- ❑ Eignungsanalyse.
- ❑ Einigungsanalyse.

Am meisten Spaß machte Katharina das Fach
- ❑ Kunst.
- ❑ Hauswirtschaft.
- ❑ Mathe.

Die Agentur für Arbeit
- ❑ will Geld für die BvB.
- ❑ bezahlt dir die Wohnung.
- ❑ übernimmt die Kosten der BvB.

Katharina hatte in der Schule wenig
- ❑ Freizeit.
- ❑ Fehlzeiten.
- ❑ Ferienzeiten.

Katharina erhält eine Aufwandsentschädigung für die
- ❑ Wochenenden.
- ❑ Fahrtkosten.
- ❑ Schule.

Der richtige Bereich für Katharina ist
- ❑ Haushaltswaren.
- ❑ Hausreinigung.
- ❑ Hauswirtschaft.

Nach einem Jahr erreicht Katharina
- ❑ einen Hauptschul-abschluss.
- ❑ einen Schulabschluss.
- ❑ ein Praktikum.

Nach der BvB beginnt Katharina
- ❑ einen Urlaub.
- ❑ eine Ausbildung.
- ❑ einen Kochkurs.

Eine BvB vermittelt dir der
- ❑ Lehrer.
- ❑ Berufsberater.
- ❑ Ausbilder.

Während der BvB macht Katharina
- ❑ mehrere Praktika.
- ❑ Urlaube.
- ❑ Besichtigungen.

Durch ein gutes Praktikum findet Katharina
- ❑ einen Job.
- ❑ einen Ausbildungsplatz.
- ❑ einen Freund.

Gefördert werden bei der BvB auch
- ❑ soziale Kompetenzen.
- ❑ künstlerische Kompetenzen.
- ❑ sportliche Kompetenzen.

Werkstattjahr (Nordrhein-Westfalen) – *Infoseite*

Alex und Markus wissen nach der Schule nicht so recht, wie es nun weitegehen soll. Für sie steht nur fest, dass sie auf keinen Fall weiter zur Schule gehen wollen. Schule war noch nie ihr Ding. Sie haben keinen Hauptschulabschluss, das Zeugnis ist bescheiden, und die Fehlzeiten können sich sehen lassen. Trübe Aussichten!

Die Beraterin der Agentur für Arbeit empfiehlt Markus und Alex ein Werkstattjahr im Bereich Garten- und Landschaftsbau. Das Werkstattjahr unterstützt Jugendliche mit Lernschwierigkeiten und bereitet sie auf einen Arbeitsplatz oder auf eine Ausbildung vor.

Nach ein paar Wochen ist Alex überzeugt, die richtige Entscheidung getroffen zu haben. „Ich bin den ganzen Tag an der frischen Luft und kann in meinem eigenen Tempo arbeiten."

Neben der Vermittlung von Basiswissen und Fähigkeiten für den Beruf des Werkers im Gartenbau werden im Werkstattjahr die Schlüsselqualifikationen weiter trainiert: Selbstständigkeit, Zuverlässigkeit und Pünktlichkeit. Die kleine Gruppe von 10 Schülern und die individuelle Betreuung helfen Markus und Alex, Regeln einzuhalten und Verantwortung für sich selber zu übernehmen.

Markus: „Meine Fehlzeiten sind stark zurückgegangen. Das liegt bestimmt daran, dass mir das Arbeiten viel mehr Spaß macht als die Schule. Schule muss aber immer noch sein. An zwei Tagen hab ich Berufsschulunterricht. Da wird noch mal alles wiederholt, was ich in der Schule nicht kapiert oder verpasst habe. Wenn alles klappt, kann ich im nächsten Jahr eine überbetriebliche Ausbildung zum Werker im Gartenbau anfangen, dafür muss ich mich aber immer noch verbessern."

Während des Werkstattjahrs machen Markus und Alex mehrere Praktika in Betrieben, um ihre praktischen Fähigkeiten zu erweitern und den Umgang mit Kunden zu üben. Sie erhalten eine Aufwandsentschädigung von 120 € im Monat für Fahrtkosten und den Kauf von Arbeitskleidung.

Information

Das Werkstattjahr gibt es überall in Nordrhein-Westfalen.
Erkundige dich bei deinem Berufsberater nach dem Angebot in deiner Stadt, oder schau im Internet. Du kannst einen Platz im Werkstattjahr nur über die Agentur für Arbeit bekommen, weil die Kosten für das Werkstattjahr und deine Aufwandsentschädigung von der Agentur für Arbeit übernommen werden.

Werkstattjahr (Nordrhein-Westfalen) – *Arbeitsblatt*

Das Werkstattjahr wendet sich an Jugendliche, die ihre Schlüsselqualifikationen noch trainieren müssen. Schlüsselqualifikationen oder Schlüsselkompetenzen sind die Fähigkeiten, die man für jeden Beruf braucht.

Einzelarbeit

Suche die Schlüsselkompetenzen im Wortsuchfeld, und markiere sie.
Es sind 15 Begriffe!

L	R	W	Q	E	I	R	T	Z	P	Ü	K	A	K	S	D	F	I	K
E	E	S	D	G	H	F	G	H	J	K	O	Y	R	X	C	J	N	O
I	C	A	L	Q	K	X	S	W	C	L	N	E	I	V	F	Ö	B	M
S	H	N	E	H	Ä	Y	Z	M	X	C	F	V	T	B	N	M	U	M
T	N	L	S	O	Q	P	W	Y	X	E	L	V	I	B	N	R	A	U
U	E	F	E	T	E	A	M	F	Ä	H	I	G	K	E	I	T	Z	N
N	N	A	N	Y	W	S	X	E	T	Z	K	C	F	R	F	U	T	I
G	I	K	O	L	P	M	N	B	O	P	T	C	Ä	Ü	A	S	L	K
S	S	C	H	R	E	I	B	E	N	K	F	H	H	G	F	D	S	A
B	F	O	G	I	U	Z	H	R	J	E	Ä	Q	I	K	J	K	G	T
R	K	O	N	F	L	I	K	T	F	Ä	H	I	G	K	E	I	T	I
E	W	E	L	R	T	Z	U	I	Ö	K	I	T	K	K	I	P	R	O
I	A	Q	Ä	E	T	U	O	P	T	Y	G	G	E	D	E	L	P	N
T	F	R	E	U	N	D	L	I	C	H	K	E	I	T	J	K	G	S
S	B	E	L	A	S	T	B	A	R	K	E	I	T	S	D	F	G	F
C	A	L	L	G	E	M	E	I	N	B	I	L	D	U	N	G	H	Ä
H	N	B	J	V	C	X	L	J	G	K	T	L	Ö	Ä	Y	Q	E	H
A	S	E	L	B	S	T	B	E	W	U	S	S	T	S	E	I	N	I
F	Y	X	C	V	B	N	M	Q	W	E	R	T	Z	U	I	O	P	G
T	Ü	Z	U	V	E	R	L	Ä	S	S	I	G	K	E	I	T	A	K
S	D	F	G	H	J	K	L	Ö	Y	X	C	V	B	N	M	Q	W	E
E	P	Ü	N	K	T	L	I	C	H	K	E	I	T	R	T	Z	U	I
S	E	L	B	S	T	Ä	N	D	I	G	K	E	I	T	I	O	P	T

Ausbildung im Berufsbildungswerk (BBW) – *Infoseite*

René macht im Berufsbildungswerk eine Ausbildung zum Holzbearbeiter. Er unterhält sich mit Svenja, die mit ihrer Klasse das BBW besichtigt.

René: „Ich war nie ein guter Schüler, aber immer zuverlässig und motiviert, deshalb habe ich nach der Schulzeit erst eine berufsvorbereitende Bildungsmaßnahme mitgemacht. Danach hat mir der Berufsberater der Agentur für Arbeit (AA) eine Ausbildung in einem Berufsbildungswerk vorgeschlagen."

Svenja: „Ich hab gesehen, dass man hier auch wohnen kann."

René: „Ja klar, viele leben hier in Wohngruppen. Zu Beginn der Ausbildung habe ich auch hier gewohnt, weil ich zu Hause nur Stress hatte und der Weg auch ganz schön weit ist. Aber inzwischen komme ich mit meinen Eltern wieder gut klar, und die Fahrerei ist auch nicht so schlimm. Als ich hier gewohnt habe, bin ich jedes Wochenende nach Hause gefahren."

Svenja: „Wie viele Auszubildende gibt es hier denn, und welche Berufe kann man lernen?"

René: „Hier sind im Moment über 200 Jugendliche, da ist natürlich immer was los! Du kannst eine Ausbildung in fast 20 verschiedenen Berufen machen, vom Beikoch über den Maler bis hin zur Verkäuferin. Die Schule ist auch direkt hier im Haus. Das ist praktisch, und wenn du Hilfe brauchst, ist immer jemand da, an den du dich wenden kannst."

Svenja: „Und was passiert hier nachmittags und abends?"

René: „Du kannst ins Internetcafé gehen und chatten, dich im Fitnessraum auspowern oder Billard spielen. Aber oft ist es auch nett, mit den Kollegen in der Wohngruppe zu chillen oder zusammen was zu kochen. Hier findest du ganz schnell Freunde, und langweilig ist es nie. Aber man muss auch sagen, dass man nach der Arbeit oft ziemlich kaputt und deshalb froh ist, wenn man früh schlafen gehen kann."

Svenja: „Das hört sich alles ganz interessant an, das könnte ich mir auch vorstellen. Ich würde gerne was mit Holz machen, aber eine Ausbildung ist zu schwer für mich."

René: „Dann ist das BBW vielleicht genau das Richtige für dich. Sprich mal mit deinem Berufsberater, und frag ihn nach einem Platz im Berufsbildungswerk."

Ausbildung im Berufsbildungswerk (BBW) – *Arbeitsblatt*

Das Berufsbildungswerk ist ein Angebot für Jugendliche mit Lernschwierigkeiten, die noch sehr viel persönliche Unterstützung benötigen.

Partnerarbeit

Die meisten Berufsbildungswerke haben ein breit gefächertes Angebot an Ausbildungsmöglichkeiten. Hier seht ihr das Ausbildungsangebot des BBW in Essen.
Setzt die Ausbildungsberufe zusammen, und notiert sie.

KFZ-Service – ler/in – Holz – Lackierer/in – Möbel-, Küchen- und Umzugsservice – Hauswirt – schafter/in – Mode – bearbeiter/in – Fachkraft für – Objektbeschichter/in – Fachkraft für – schneiderin – Fri – Bauten- und – Hauswirtschaft – Fachkraft für – mechaniker/in – näherin – Maler und – Mode – Anlagen – helfer/in – Sanitär-, Heizungs- und Klimatechnik – Tisch – Hauswarts – sör/in – Verkäu – Fahrzeugpflege – Metall – helfer/in – Bei – fer/in – mechaniker/in – gehilfe/in – koch/köchin – bearbeiter/in

Alle

Vergleicht eure Ergebnisse in der Klasse.
Kennt ihr alle angebotenen Ausbildungsberufe?
Informiert euch bei *www.planet-beruf.de*

TIPP

Unter *www.bagbbw.de/junge-menschen/ausbildungsorte/* findet ihr alle Berufsbildungswerke aufgelistet.
Schaut nach, welches BBW es in eurer Nähe gibt und welche Berufe man dort erlernen kann.

Schulische Weiterbildung – *Infoseite*

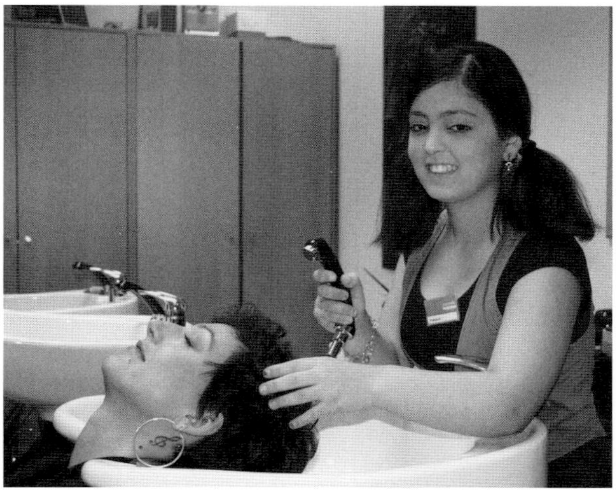

Souniya hat mehrere Praktika in einem Frisörsalon gemacht. Sie ist sich nicht sicher, ob dies der richtige Beruf für sie ist. Souniya geht gerne zur Schule, ist zuverlässig und erledigt ihre Hausaufgaben immer ordentlich. Eigentlich findet sie es schade, dass die Schulzeit bald vorbei ist.

Sie lässt sich von Herrn Mühlenberg, dem Sozialpädagogen der Schule, beraten.

Souniya: „Ich bin so unsicher, was ich nach der Schule machen soll. Einen Hauptschulabschluss bekomme ich nicht, und eigentlich möchte ich weiter zur Schule gehen."

Herr Mühlenberg: „Wenn du noch nicht genau weißt, was du beruflich machen willst und du gerne weiter zur Schule gehen möchtest, dann überlege doch mal, ob das Berufskolleg das Richtige für dich ist. Dort kannst du deinen Hauptschulabschluss nachholen und dich orientieren, in welche Richtung du später gehen willst."

Souniya: „Ich glaube, alles Technische und das Verkaufen liegen mir nicht so besonders, weil Rechnen nicht gerade meine Stärke ist. Ich würde lieber etwas im Bereich Körperpflege und Gesundheit machen, und vielleicht ist ja Frisörin doch das Richtige für mich."

Herr Mühlenberg: „Dann würde ich dir empfehlen, dich beim Berufskolleg für Ernährung, Erziehung und Gesundheit anzumelden. Dort gibt es viele Angebote. Falls du deinen Hauptschulabschluss nach der 9. Klasse doch noch schaffst, kannst du in das Berufsgrundschuljahr gehen und den Hauptschulabschluss nach Klasse 10 machen. Wenn nicht, gibt es verschiedene Angebote, damit du deinen Hauptschulabschluss nach der 9. Klasse doch noch schaffst."

Souniya: „Irgendwie blicke ich da noch nicht so ganz durch!"

Herr Mühlenberg: „Demnächst ist am Berufskolleg Tag der offenen Tür. Da kannst du dich schon einmal informieren. Wir können aber auch einen Beratungstermin machen, und du sprichst direkt mit jemandem von der Schule über deine Möglichkeiten. Wenn du dich für das Berufskolleg entscheidest, wirst du viel lernen müssen, das wird nicht einfach. Aber ich weiß ja, dass du dich immer sehr anstrengst und fleißig bist, deshalb denke ich schon, dass du es schaffen kannst!"

Souniya: „Jetzt bemühe ich mich erst einmal, hier den Hauptschulabschluss zu bekommen, vielleicht klappt es ja doch noch!"

Schulische Weiterbildung – *Arbeitsblatt*

Die Berufskollegs bieten viele unterschiedliche Möglichkeiten, sich weiterzubilden und einen Schulabschluss nachzuholen. Nicht für jeden Jugendlichen ist es jedoch sinnvoll, sich nur schulisch weiterzubilden.

Gruppenarbeit

Welche Eigenschaften muss ein Jugendlicher eurer Meinung nach mitbringen, um erfolgreich im Berufskolleg seinen Schulabschluss zu verbessern?

____

____

Lest die Fallbeispiele durch.
Überlegt, welchen Rat ihr den Jugendlichen geben würdet.
Diskutiert eure Ergebnisse in der Klasse.

Jochen: „Schule find ich ja ganz okay, aber Hausaufgaben hab ich eigentlich nie gemacht. Nachmittags hab ich echt was Besseres vor! Für Klassenarbeiten hab ich eigentlich auch nie gelernt. Irgendwie hat es immer so gerade gepasst. Ich bin halt so durchgerutscht, hab immer nur das Nötigste gemacht."

____

____

____

____

____

Miriam: „Ich geh echt gerne zur Schule. Hier treff ich meine Kollegen. Im Unterricht halte ich mich eher zurück, oft finde ich es langweilig. Ich will möglichst schnell Geld verdienen, weil ich von zu Hause weg möchte. Mein Zeugnis wird so mittelmäßig, ich hab einiges an Fehlzeiten, weil ich so einen Stress zu Hause hatte."

____

____

____

____

____

Dilan: „Mir macht Schule nicht immer Spaß, weil ich mich sehr anstrengen muss. Aber ich will unbedingt meinen Hauptschulabschluss schaffen, und dafür darf ich keine Fehlzeiten haben, und meine Leistungen müssen stimmen. Oft lern ich auch am Wochenende für eine Arbeit, obwohl ich lieber mit meinen Freunden was unternehmen würde. Was ich mal werden will, weiß ich noch gar nicht."

Ridwan: „Schule ist kein Problem, ich hab das alles gut im Griff. Auch wenn ich mal fehle und mich gerne mit den Lehrern anlege, schreib ich immer die besten Klassenarbeiten. Hausaufgaben mach ich, wenn ich sonst nichts vorhabe. Meinen Hauptschulabschluss schaff ich locker, denn im Unterricht mach ich immer super mit. Wenn ich wollte, könnte ich bestimmt noch einen besseren Schulabschluss bekommen, mal sehen."

David: „Ich bin ein guter Schüler und Schule macht mir Spaß. Mein Zeugnis wird bestimmt sehr gut sein. Fehlzeiten und Verhalten, alles bestens. Ich hab zwei Praktika beim Gebäudereiniger gemacht, der war mit mir sehr zufrieden. Ich soll in den Ferien zum Probearbeiten kommen, und vielleicht bekomm ich dann einen Ausbildungsplatz. Das wäre genau das Richtige für mich. Aber was wird, wenn ich den Ausbildungsplatz nicht bekomme?"

Literatur

Bundesagentur für Arbeit (Hrsg.):
Ausbildung Beruf Chancen „Lernförderung". Lese- und Arbeitsheft für Schüler an Schulen für Lernbehinderte.
Bertelsmann Verlag, 2009.

Bundesagentur für Arbeit (Hrsg.):
Beruf aktuell. Ausgabe 2010/2011. Lexikon der Ausbildungsberufe.
Bertelsmann Verlag, 2010.

Bundesagentur für Arbeit (Hrsg.):
planet-beruf.de
Berufswahlmagazin

Dassler, Stefan:
Kein Job in Sicht?
Informationen, Strategien, Perspektiven – Materialien für Jugendliche.
Verlag an der Ruhr, 2010.
ISBN 978-3-8346-0751-5

Ebner, Peter H.; Fritz, Sabine:
Das will ich – das kann ich – das mach ich. Lebensplanung spielerisch ausprobieren.
Verlag an der Ruhr, 2005.
ISBN 978-3-8346-0026-4

Selka, Reinhard; Bergmann, Manfred:
Berufsstart für Hauptschüler. 50 Berufe, 50 Chancen.
Bertelsmann, 2008.
ISBN 978-3-7639-3615-1

Wasserfall, Kurt:
Stress nicht so rum, ich find schon 'nen Job!
K.L.A.R. – Taschenbuch
Verlag an der Ruhr, 2010.
ISBN 978-3-8346-0672-3

Wasserfall, Kurt:
Stress nicht so rum, ich find schon 'nen Job!
K.L.A.R. – Literaturkartei
Verlag an der Ruhr, 2010.
ISBN 978-3-8346-0673-0

Links*

www.planet-beruf.de
Internetportal für Lehrer, Schüler und Eltern der Bundesagentur für Arbeit.

www.berufenet.arbeitsagentur.de
Informationsportal zu allen Ausbildungsberufen

www.caritas-soziale-berufe.de
Informationen über soziale Berufe bei der Caritas, z.B. Altenpflegehelferin.

www.schule-beruf.de/
Internetportal für Jugendliche, das über die Berufs- und Arbeitswelt informiert.

www.beroobi.de
Internetportal für Jugendliche zu allen Fragen und Problemen der Berufsfindung.

www.jaau.nrw.de
Internetportal für Jugend, Arbeit und Ausbildung des Landes NRW.

www.mais.nrw.de
Internetportal des Ministeriums für Arbeit, Integration und Soziales des Landes NRW.

*Die in diesem Werk angegebenen Internetadressen haben wir geprüft (Stand Mai 2011). Da sich Internetadressen und deren Inhalte schnell verändern können, ist nicht auszuschließen, dass unter einer Adresse inzwischen ein ganz anderer Inhalt angeboten wird. Wir können daher für die angegebenen Internetseiten keine Verantwortung übernehmen.